现代图书馆资源
管理与推广

贺海艳　著

中国出版集团

中译出版社

图书在版编目（CIP）数据

现代图书馆资源管理与推广 / 贺海艳著. –– 北京：
中译出版社, 2024.5
ISBN 978-7-5001-7898-9

Ⅰ.①现… Ⅱ.①贺… Ⅲ.①图书馆管理—资源管理
—研究②图书馆—读书活动—研究 Ⅳ.①G25

中国国家版本馆CIP数据核字(2024)第101259号

现代图书馆资源管理与推广
XIANDAI TUSHUGUAN ZIYUAN GUANLI YU TUIGUANG

出版发行 / 中译出版社
地　　址 / 北京市西城区新街口外大街28号普天德胜大厦主楼4层
电　　话 /（010）68359827, 68359303（发行部）；68359287（编辑部）
邮　　编 / 100044
传　　真 /（010）68357870
电子邮箱 / book@ctph.com.cn
网　　址 / http://www.ctph.com.cn

策划编辑 / 于建军
责任编辑 / 于建军
封面设计 / 蓝　博

排　　版 / 雅　琪
印　　刷 / 廊坊市文峰档案印务有限公司
经　　销 / 新华书店

规　　格 / 710毫米×1000毫米　　1/16
印　　张 / 11.75
字　　数 / 200千字
版　　次 / 2025年1月第1版
印　　次 / 2025年1月第1次

ISBN 978-7-5001-7898-9　　　　　　　　**定价：** 88.00元

前　言

PREFACE

现代图书馆作为知识与文化的宝库，承载着人类智慧的结晶，是社会进步与文明传承的重要载体。图书馆资源管理与推广作为图书馆事业的核心内容之一，旨在有效管理和充分利用各类资源，以满足广大读者的需求，促进社会的全面发展。本书旨在探讨现代图书馆资源管理与推广的理论与实践，为图书馆工作者提供全面的指导和启示。

在当今这个信息爆炸的时代，图书馆资源呈现出多样性和复杂性。从传统的纸质文献到电子资源、多媒体资源，再到开放获取资源，每一种资源都有其独特的特点和管理需求。因此，了解不同类型资源的管理方法以及如何利用信息技术提升管理效率显得尤为重要。本书通过系统的分类和深入的分析，旨在帮助读者全面理解现代图书馆资源的多样性，并为资源管理提供科学的方法论。

现代图书馆资源管理不仅仅是简单的收集与存储，更需要建立起完善的管理体系。从资源采购到分类编目、存储保护再到更新维护，每一个环节都需要精细化的操作和全面考量。本书将从实践角度出发，结合案例分析和理论探讨，为图书馆工作者提供可行的管理方案和策略。

数字化转型和信息技术的应用已经深刻改变了图书馆的管理模式和服务方式。通过数字化馆藏建设、图书馆管理软件系统等手段，图书馆能够更加高效地管理资源，提升服务质量。同时，图书馆推广策略与活动设计、读者教育与培训、读者参与用户体验、资源评估与质量管理等方面的内容也是本书关注的重点。这些方面的研究将有助于图书馆更好地了解读者需求，提供更加贴近用户需求的服务。

在这个充满挑战和机遇的时代，现代图书馆不仅仅是知识的仓库，更是知识的传播者和创新的引领者。本书将理论与实践相结合，系统地探讨现代图书馆资源管理与推广的重要议题，旨在为图书馆工作者提供实用的指导，促进图书馆事业的不断发展与创新。希望本书能够成为图书馆工作者和相关研究者的重要参考资料，推动现代图书馆事业迈向更加辉煌的未来。

愿本书能为广大读者带来启发与帮助，共同探索现代图书馆资源管理与推广的新境界！

作者

2024年3月

目　录
CONTENTS

第一章　导论

第一节　研究背景与意义

一、研究背景

（一）当代信息社会的兴起

随着信息技术的迅速普及和互联网的飞速发展，当代社会正迅速转变为一个信息社会。在这个信息社会中，人们获取信息的方式发生了巨大的变化，从传统的纸质文献到数字化的网络资源，信息的获取变得更加便捷和高效。在这样的大背景下，图书馆作为信息资源的重要提供者和知识的守护者，面临着前所未有的挑战和机遇。

一方面，信息社会的兴起对图书馆资源管理提出了新的要求。传统的图书馆资源主要是以纸质文献为主，而现代图书馆不仅要面对纸质文献的管理与保存，还需要处理大量的电子资源、多媒体资源以及网络开放获取资源。这种多样化的资源形式给图书馆的资源管理带来了挑战，需要图书馆不断更新管理模式，加强数字化建设，提升资源管理的智能化水平。

另一方面，信息社会的兴起改变了读者对信息的需求和获取方式。在过去，读者主要通过图书馆借阅纸质文献来获取信息，但现在，随着互联网的普及，人们更倾向于通过搜索引擎、网络数据库和在线期刊等渠道获取信息。因此，图书馆需要适应读者的变化，提供更加多样化、便捷化的服务，包括数字化资源的获取与利用、网络检索服务、个性化推荐服务等，以满足读者在信息社会中的需求。

信息社会的兴起也给图书馆推广工作带来了新的挑战。传统的图书馆推广主要通过展览、讲座等方式进行，而在信息社会中，图书馆需要借助网络平台、社交媒体等新渠道进行推广，扩大影响力和知名度。同时，图书馆还需要加强与社区、学校、企业等的合作，开展多样化的推广活动，提升图书馆的社会影响力和服务价值。

（二）图书馆的新使命与新任务

图书馆在当代社会扮演着更为复杂和多元化的角色，其使命与任务已经远远超出了传统的馆藏管理和知识传承。随着信息时代的到来，图书馆不仅需要成为知识的服务者，还要肩负起信息教育的责任，并成为文化交流的重要场所和平台。

第一，现代图书馆被赋予了承担知识服务的新使命。在信息爆炸的时代，人们对知识和信息的渴求呈现出多样化和个性化的特点。因此，图书馆应当积极适应这一趋势，通过数字化馆藏建设、网络检索服务以及文献传递服务等多样化的方式，满足读者不同层次、不同领域的知识需求，为他们提供高质量、便捷的知识服务。

第二，图书馆还应当肩负起信息教育的新任务。在信息社会中，信息素养已成为人们的基本素养之一。作为信息资源的主要提供者，图书馆应当通过开展信息素养教育活动、培训课程等方式，帮助读者提升信息获取、评估、利用和创造的能力，使他们具备批判性思维、创新意识和自主学习的能力，从而成为信息时代的合格公民。

第三，图书馆还应当成为文化交流的重要场所和平台。在今天多元文化的背景下，文化交流与对话显得尤为重要。作为文化资源的集聚地，图书馆应当通过举办展览、讲座、演出等文化活动，促进不同文化之间的交流与互鉴，推动文化多样性的发展和文化创新的进步。这样的活动不仅丰富了读者的文化生活，也为社会的文化发展注入了新的活力。

二、研究意义

（一）推动图书馆事业的创新发展

现代图书馆资源管理与推广的研究在推动图书馆事业的创新发展方面具有至关重要的意义。通过深入探讨图书馆资源管理的理论与实践，可以为图书馆工作者提供有效的管理策略和方法，从而促进图书馆业务的创新和提升。在当今信息时代，图书馆不仅需要适应技术和社会的变革，还需要积极探索和实践新的服务模式和管理方式，以适应日益复杂和多样化的用户需求。

现代图书馆面临着来自信息技术和网络化的双重挑战。信息技术的不断发展为图书馆提供了更多数字化资源的获取和管理途径，但也带来了新的管理和服务需求。因此，研究现代图书馆资源管理需要关注信息技术的应用，探索数字化馆藏建设、图书馆管理软件系统等新技术的应用，以提高图书馆资源管理的效率和质量。

随着用户需求的多样化，图书馆需要不断创新服务模式，提升服务水平。通过研究用户行为和需求，图书馆可以了解用户的阅读偏好、信息获取途径等，从而调整馆藏结构、开展个性化服务，提供更贴近用户需求的服务。例如开展数字化资源的推广和利用培训，提供在线参考咨询服务等，都是图书馆创新服务模式的一种体现。

现代图书馆资源管理还需要关注社会文化的变化和需求。图书馆作为文化传承的载体，应当积极参与文化交流和传播，开展文化活动和展览，丰富读者的文化生活。通过与社区、学校、文化机构等的合作，图书馆可以扩大影响力，提升服务价值，推动图书馆事业的创新发展。

（二）满足读者多样化需求

随着社会的不断进步和科技的迅速发展，个人的知识需求也在日益增长。这种多样化的需求对现代图书馆提出了新的挑战，同时也带来了新的机遇。研究现代图书馆资源管理与推广，不仅有助于深入了解读者的需求和偏好，还可以为图书馆提供指导，使其更好地适应并满足读者的多样化需求。

现代图书馆资源管理与推广的研究从多个角度入手，以全面了解读者的需求。首先，通过对读者的阅读习惯、信息获取途径、主题偏好等方面进行调查和分析，可以更加准确地把握读者的需求。例如，一些读者更喜欢在图书馆中阅读纸质书籍，而另一些读者则更倾向于利用数字化资源进行学习和研究。了解这些差异有助于图书馆更好地配置资源，满足不同类型读者的需求。

其次，研究现代图书馆资源管理与推广还有助于改进服务模式，提供更加个性化、多样化的服务。通过针对性的馆藏建设和服务设计，图书馆可以更好地满足读者的需求。例如，针对学术研究者，图书馆可以增加专业性的数字化资源和期刊订阅，提供定制化的参考咨询服务；针对学生群体，图书馆可以组织丰富多彩的文化活动和学术讲座，激发其学习兴趣，提升其学习效率。

最后，通过提供个性化、多样化的服务，图书馆可以增强读者的满意度和忠诚度。当读者感受到图书馆能够满足其个性化需求、提供贴心的服务时，他们更愿意长期利用图书馆资源，并向他人推荐。因此，研究现代图书馆资源管理与推广不仅有助于满足读者的多样化需求，还能够提升图书馆的服务水平和影响力，促进图书馆事业的健康发展。

（三）促进信息资源共享与利用

现代图书馆作为信息资源的主要存储和传播中心，在信息资源的共享和利用方面扮演着至关重要的角色。促进信息资源的共享与利用对于推动社会的信息化建设、促进知识的传承以及实现社会发展的全面进步具有重要的意义。通过深入研究图书馆资源管理与推广，可以为加强图书馆间的资源共享与合作提供理论支持和实践经验，进而推动信息资源的广泛利用和共享，促进社会的整体发展。

一、通过研究图书馆资源管理与推广，可以为加强图书馆间的资源共享提供理论支持。在信息时代，各个图书馆都积累了丰富的图书、期刊、文献和数字资源。然而，由于资源的重复购买、利用率不高等问题，存在着资源利用效率不高的情况。因此，通过研究图书馆资源管理的理论和方法，可以为图书馆间的资源共享提供指导。例如建立统一的资源标准和交换机制，推动图书馆资源的互相借阅和共享，提高资源的利用效率等。

二、研究图书馆资源管理与推广可以为图书馆间的合作提供实践经验。合作是推动资源共享和利用的有效途径之一。通过跨馆合作，可以整合各图书馆的资源优势，实现资源共建共享，提升服务水平。例如，图书馆可以开展联合采购、共建数字化馆藏、共享技术平台等形式的合作，实现资源共享，提升服务效率。

三、通过促进信息资源的广泛利用和共享，可以促进社会的整体发展。信息资源的共享和利用不仅可以提高社会成员的信息获取能力和科学素养，还可以推动科学研究、教育培训、文化传承等领域的发展。例如，学术界可以通过共享科研文献和数据资源，促进科学研究的跨学科合作和成果共享；教育界可以通过共享教学资源，提高教育质量和教学效率；文化界可以通过共享文化遗产和数字化资源，推动文化的传承和创新。

第二节　研究的方法论

一、综合研究方法的应用

（一）文献调研

文献调研是研究现代图书馆资源管理与推广的重要方法之一。通过查阅相关文献，可以全面了解国内外现代图书馆资源管理与推广的研究现状和发展趋势。在文献调研过程中，可以系统地梳理已有研究成果，包括理论探讨、实践案例、政策法规等方面的文献资料，以获取最新、最全面的研究信息。

国内外学术期刊、学位论文、会议论文、研究报告等是文献调研的重要来源。通过检索相关数据库，如中国知网、万方数据、谷歌学术等，可以获取大量的文

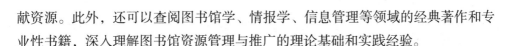

献资源。此外，还可以查阅图书馆学、情报学、信息管理等领域的经典著作和专业性书籍，深入理解图书馆资源管理与推广的理论基础和实践经验。

在文献调研过程中，需要重点关注当前图书馆资源管理与推广领域的热点问题和前沿技术。例如数字化馆藏建设、开放获取资源的管理、社交媒体营销等方面的研究成果。同时，还需关注国际上一些先进图书馆的发展经验和成功案例，借鉴其管理模式和服务理念，为我国图书馆的发展提供参考。

（二）案例分析

案例分析是研究现代图书馆资源管理与推广的重要方法之一。通过选取不同类型的图书馆作为案例，可以深入分析其资源管理与推广的经验和做法，从中汲取借鉴和启示。例如，可以选择包括国家图书馆、大学图书馆、公共图书馆等不同类型的图书馆进行案例分析。

在案例分析过程中，需要重点关注图书馆的资源管理体系、服务模式、技术应用等方面的特点和亮点。通过对图书馆的组织结构、人员配置、技术设备等方面的分析，可以了解其资源管理的具体情况。同时，还需要关注图书馆的服务内容、服务方式、服务对象等方面的情况，以评估其服务水平和服务质量。

在选择案例进行分析时，需要综合考虑不同图书馆的地域、规模、发展阶段等因素，以确保案例具有代表性和参考价值。此外，还可以结合实地调研和访谈等方法，深入了解图书馆的管理实践和服务经验，为我国图书馆的发展提供可行的借鉴和启示。

二、定性与定量相结合的研究方法

（一）定性研究方法

定性研究方法是研究图书馆资源管理的重要手段之一。通过深度访谈、观察等方式，研究者可以深入了解图书馆工作者、读者以及其他相关人员的看法、态度和经验，从而对图书馆资源管理的实践进行深入探讨和分析。

深度访谈是定性研究中常用的方法之一。研究者可以选择图书馆管理者、工作人员、用户等不同群体进行面对面的深度访谈，探讨他们对于图书馆资源管理的理解、认识、期望以及存在的问题和挑战。通过深入的交流，可以获取到丰富的信息和深层次的见解，为研究提供可靠的资料和数据。

除了深度访谈，观察也是定性研究中的重要方法之一。研究者可以通过观察图书馆的日常运营情况、服务模式、用户行为等来了解图书馆资源管理的实践情况。通过直接观察，可以发现一些隐藏的问题和挑战，为改进和优化图书馆资源管理提供参考依据。

（二）定量研究方法

定量研究方法是对图书馆资源管理效果进行量化评估和分析的重要手段。采用问卷调查等方式，研究者可以收集大量数据，对图书馆资源管理的各个方面进行客观的量化评价。

问卷调查是定量研究中常用的方法之一。研究者可以设计针对图书馆工作者、用户等不同群体的问卷调查，通过统计分析获取到大量的数据，了解他们对于图书馆资源管理的满意度、需求程度、使用频率等方面的情况。通过问卷调查，可以全面了解到不同群体的看法和态度，为图书馆资源管理提供科学的评估依据。

除了问卷调查，统计分析也是定量研究中的重要方法之一。研究者可以利用统计软件对收集到的数据进行分析和处理，进行相关性分析、回归分析等，从而深入了解图书馆资源管理的效果及其影响因素。通过定量分析，可以客观地评估图书馆资源管理的效果，并提出改进建议。

第三节　研究理论框架

一、现代图书馆资源管理的理论基础

（一）信息组织与管理理论

信息组织与管理理论是现代图书馆资源管理的重要理论基础之一。该理论探讨信息资源的组织、存储和检索方法，为图书馆资源管理提供了理论支持。其中，包括了经典的分类编目理论、索引检索理论等。分类编目理论强调了对文献进行系统分类和标引的重要性，以便读者能够快速准确地找到所需信息。索引检索理论则着重于建立有效的索引系统，提高检索效率和准确性。这些理论为图书馆资源的整理、存储和利用提供了基本框架和方法。

（二）数字化转型理论

数字化转型理论研究数字化技术对图书馆的影响，探索数字化转型的策略和路径。随着信息技术的发展，图书馆面临着数字化转型的挑战和机遇。数字化转型理论强调了数字化技术在图书馆资源管理中的重要作用，包括数字化馆藏、数字资源管理、数字化服务等方面。该理论探讨了数字化技术对图书馆业务模式、服务方式、管理体系等方面的影响，提出了数字化转型的策略和路径，为图书馆

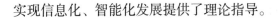

实现信息化、智能化发展提供了理论指导。

二、资源利用与服务模式的创新

（一）个性化服务模式

个性化服务模式是现代图书馆为满足读者个性化需求而提出的创新服务模式。该模式研究个性化服务的实现途径和效果评估方法。个性化服务模式注重根据读者的个性化需求和偏好，提供定制化的服务。例如根据读者的阅读历史和兴趣爱好推荐相关文献、提供个性化的信息检索服务等。通过研究个性化服务模式，图书馆可以更好地了解读者需求，提升服务质量和读者满意度。

（二）社区参与服务模式

社区参与服务模式探讨社区参与图书馆服务的方式和实践经验。社区参与服务模式强调了图书馆与社区的紧密联系和互动合作。图书馆作为社区文化的重要载体，应积极倡导社区参与，提供符合社区需求的服务。例如开展社区读书会、社区文化活动、社区数字资源共享等。通过研究社区参与服务模式，可以促进图书馆与社区的深度融合，实现资源共享和互利共赢。

三、信息技术与数字化转型的应用

（一）数字化馆藏建设与管理

数字化馆藏建设与管理研究数字化馆藏的建设和管理方法，探索数字资源的长期保存和利用。随着数字化技术的发展，数字化馆藏已成为现代图书馆发展的重要方向之一。数字化馆藏建设与管理涉及数字资源的采集、存储、加工、展示等方面，要求图书馆建立完善的数字化馆藏管理体系，保障数字资源的安全性和可持续利用性。

（二）图书馆管理软件系统

图书馆管理软件系统分析图书馆管理软件系统的特点和功能，探讨其在图书馆资源管理中的应用。图书馆管理软件系统是现代图书馆管理的重要工具之一，涵盖了馆藏管理、读者管理、流通管理、数据分析等方面的功能。研究图书馆管理软件系统可以帮助图书馆了解不同软件系统的优劣势，选择适合自身发展需求的管理软件系统，提高管理效率和服务质量。

四、读者需求与用户体验的研究

（一）读者调查与需求分析

读者调查与需求分析是了解读者行为和期望的重要手段。通过采用问卷调查、访谈等方法，收集读者的反馈意见和建议，分析其阅读习惯、信息需求、服务偏好等，从而为图书馆提供更贴近读者需求的服务。通过深入了解读者的需求，图书馆可以针对性地调整馆藏结构、优化服务模式，提升服务水平和读者满意度。

（二）用户体验设计理论

用户体验设计理论研究用户体验设计的原则和方法，旨在优化图书馆的服务环境和体验流程。用户体验设计强调以用户为中心，关注用户的感受和体验，通过改善用户界面、提升服务效率等方式，提高用户对图书馆服务的满意度和忠诚度。通过研究用户体验设计理论，图书馆可以优化空间布局、改进服务流程、提升服务质量，创造良好的用户体验，吸引更多读者的使用和参与。

第二章 现代图书馆资源的类型和特点

第一节 纸质文献资源

一、纸质文献资源的特点和管理挑战

（一）纸质文献资源的特点

1. 传统形式存在

纸质文献资源作为图书馆收藏的传统形式，承载着历史的沉淀和文化的传承。这种形式的存在不仅是对历史的延续，更是对知识的传承和积累。通过纸质文献资源，读者可以感受到历史的厚重和文化的深度，加深对过去时代和文化传统的理解和认识。

2. 稳定可靠

纸质文献资源具有较高的稳定性和可靠性，这是由其实体形式所决定的。相较于电子文献，纸质文献资源不会受到技术变革或硬件损坏的影响，可以长期保存并保持原有的品质和完整性。这种稳定性使得纸质文献成为研究和学术交流的重要依托，尤其是对于历史研究和人文学科的学者而言。

3. 易于阅读

纸质文献资源通常以书籍、期刊等形式出现，提供了传统的阅读体验。与电子文献相比，纸质文献更加贴近人们的阅读习惯和感官需求，使得读者能够更加专注地进行阅读和研究。此外，纸质文献资源的实体形态也更适合长时间地深入阅读，有助于读者进行思考和领悟，提升阅读体验的深度和质量。

（二）管理挑战

1. 空间占用大

纸质文献资源的大量收集需要足够的库房空间，这对图书馆的场地规划和管理提出了挑战。特别是对于规模较小的图书馆来说，库房空间的有限性可能会限

制其收藏范围和服务能力。为解决这一挑战，图书馆可以采取一些措施，如优化图书馆的空间布局，利用高密度书架和移动书架技术，提高库房利用率；另外，还可以考虑与其他机构或图书馆合作，共享库房空间，实现资源共享和优化利用。

2.保存成本高

纸质文献资源对环境的要求较高，需要进行定期的环境控制和保养维护，因此其保存成本较高。这包括对库房环境的恒温恒湿控制、灰尘和虫害的防治、定期的文献修复和保养等方面。为了降低保存成本，图书馆可以采取一些节约成本的措施，如引入节能环保的设备和技术，优化库房的环境控制系统；另外，可以加强对文献的预防性保养和修复，延长其使用寿命，降低后续的维护成本。

3.防火防潮难度大

纸质文献资源容易受到火灾、水患等自然灾害的影响，对图书馆提出了防火防潮的挑战。特别是在地理环境复杂、气候多变的地区，防火防潮的难度更大。为确保文献资源的安全，图书馆需要采取一系列有效的防火防潮措施，包括安装火灾报警系统和自动灭火设备、定期进行防潮处理和检查、建立灾害应急预案等。此外，还可以加强对库房环境的监控和管理，及时发现和处理潜在的安全隐患，保障文献资源的安全性和可持续利用。

二、纸质文献资源的采集、整理和保护

（一）纸质文献资源的采集

纸质文献资源的采集是图书馆建设的重要环节，对于丰富馆藏内容、满足用户需求至关重要。

1.制定采集政策和规划

（1）根据用户需求和学科发展趋势

图书馆应当密切关注用户的阅读需求和学术研究方向，结合学科发展趋势，科学合理地确定采集政策和规划。这意味着需要深入了解用户的阅读兴趣、学术研究需求，以及社会文化的发展动向，从而明确纸质文献资源的采集范围和重点。

（2）明确采集的范围和重点

根据制定的采集政策和规划，图书馆需要明确采集的范围和重点。这可能涵盖特定学科领域的重要文献、经典著作、最新研究成果等，也可能包括地方文献、特色文献等具有地域或主题特色的资源。通过明确采集范围和重点，可以更有针对性地进行资源采集，提高馆藏的质量和学术价值。

2. 多渠道获取资源

（1）购买

图书馆可以通过购买图书、期刊等渠道获取纸质文献资源。这包括与出版社、书商等机构合作，直接购买所需文献资源，或者通过订购期刊、图书等途径进行长期采购。

（2）捐赠

捐赠是图书馆获取纸质文献资源的重要途径之一。图书馆可以向社会公众、学术机构、个人学者等发起捐赠征集活动，接收捐赠的图书、文献等资源，丰富馆藏内容。

（3）交换

图书馆可以通过与其他图书馆、机构进行资源交换，获取所需的纸质文献资源。这种方式可以通过合作协议、合作项目等形式开展，实现资源共享和互惠互利。

（二）纸质文献资源的整理和保护

纸质文献资源的整理和保护是图书馆管理工作中的重要环节，涉及分类编目、环境控制、定期维护以及灾害预防等方面。

1. 建立分类编目体系

科学合理的分类编目体系是图书馆对纸质文献资源进行整理和管理的基础。通过建立分类编目体系，可以对纸质文献资源进行规范的分类整理和编目工作，提高文献检索效率。这包括制定详细的分类标准和编目规范，对文献资源进行主题分类、著者目标等操作，使得读者可以通过检索工具准确地找到所需的文献资源。同时，还可以根据学科领域的特点和用户需求不断优化和完善分类编目体系，以适应不断变化的信息环境和读者需求。

2. 加强环境控制

严格管理和控制文献资源的存放环境是保证纸质文献长期保存的重要措施之一。图书馆应当建立完善的环境控制系统，对库房的温湿度、通风、光照等因素进行监测和控制。通过控制环境参数，可以有效地防止纸质文献资源受到湿气、霉菌、虫害等因素的侵害，延长文献资源的使用寿命，保证其长期保存和利用。此外，还可以采取一些辅助措施，如使用干燥剂、防潮剂等辅助工具，提高环境控制的效果。

3. 定期巡检和维护

定期对纸质文献资源进行巡检和维护工作是保证文献资源安全的重要手段之一。图书馆应当建立健全的巡检机制，定期对文献资源进行检查和评估，及时发现并处理文献资源的损坏和问题。这包括对书籍、期刊等文献资源进行翻阅和检查，查找损坏、缺页、污损等情况，并采取修复或替换等措施进行维护。通过定期巡检和维护，可以保持文献资源的完好状态，提高资源的可用性和可持续利用性。

4. 灾害预防和救援

制定灾害预防和应急救援预案是保障纸质文献资源安全的关键举措。图书馆应当根据实际情况制定灾害预防和应急救援预案，包括防火、防水、防震等方面的措施，并组织开展相应的培训和演练活动，提高工作人员应对突发事件的应急能力。同时，应建立灾害应急联系机制，与相关部门建立紧密联系，实现信息共享和资源支援，确保在灾害发生时能够及时有效地进行应急处置，最大限度地减少文献资源的损失。

第二节　电子资源和数字化文献

一、电子资源与数字化文献的特点和分类

（一）电子资源与数字化文献的特点

电子资源与数字化文献的特点反映了信息时代数字化发展的特征，对于用户获取信息、开展学术研究以及知识传播都具有重要意义。

1. 信息量大

（1）多样化的内容涵盖

电子资源和数字化文献以数字形式存在，可以包含文本、图片、音频、视频等多种形式的信息。这些信息涵盖了多个学科领域，从人文社科到自然科学，从经济管理到工程技术，几乎涵盖了人类知识的方方面面。用户可以通过电子资源和数字化文献获取到丰富多样的信息资源，满足不同领域的学术研究和信息需求。

（2）存储容量的扩展

与传统的纸质文献相比，电子资源和数字化文献具有更大的存储容量。数字化技术的发展使得文献信息可以以电子形式进行存储和传输，不再受到纸张数量和库房空间的限制。这使得图书馆和学术机构能够存储大量的文献资源，构建起更为丰富和庞大的数字图书馆。

2. 检索便捷

（1）高效的检索功能

电子资源和数字化文献提供了高效便捷的检索功能，用户可以通过关键词、

主题、作者、出版年份等多种方式进行检索。检索结果可以立即显示在用户面前，用户可以根据自己的需求快速定位所需信息，节省了大量的检索时间。这种高效的检索功能大大提高了用户获取信息的效率，有助于促进学术研究和科研工作的开展。

（2）个性化的检索体验

电子资源和数字化文献还支持个性化的检索体验。用户可以根据自己的兴趣和需求设置检索条件，定制个性化的检索策略，使得检索结果更加精准和符合用户的期望。这种个性化的检索体验能够更好地满足用户的信息需求，提升用户的满意度和体验感。

3.更新快速

（1）即时反映最新成果

由于电子资源和数字化文献可以实现快速的更新和编辑，因此能够及时反映最新的研究成果和学术动态。学术期刊、会议论文等数字化文献可以在研究完成后迅速发布，使得科研工作者能够第一时间获取到最新的研究成果，促进学术交流和知识共享。

（2）方便实时更新

电子资源和数字化文献的更新可以实现即时性和方便性。出版商可以通过网络平台或电子期刊系统对文献内容进行更新和修订，用户只需通过网络即可获取到最新版本的文献资料，不再需要等待纸质版本的出版和配送。这种方便的实时更新机制有利于保持文献资源的及时性和权威性，满足用户对信息的快速需求。

（二）电子资源与数字化文献的分类

电子资源与数字化文献的分类对于图书馆和用户来说至关重要，因为它们可以帮助用户更好地定位和获取所需的信息资源。

1.电子图书

电子图书是以数字形式呈现的图书资源，具有与传统纸质图书相似的内容和结构，但以数字形式存储和传播。这类资源包括各种学术著作、教材、参考工具书等。电子图书的特点包括：

（1）便携式阅读

用户可以通过各种电子设备（如电子阅读器、平板电脑、智能手机）进行阅读和下载，方便携带和使用。

（2）多样化的内容

电子图书覆盖了几乎所有学科领域的内容，包括人文社科、自然科学、工程技术等，用户可以根据需求获取到所需领域的图书资源。

2. 电子期刊

电子期刊是以数字形式发布的期刊资源，包括学术期刊、专业期刊等。与传统的纸质期刊相比，电子期刊具有以下特点：

（1）在线浏览与下载

用户可以通过网络直接在线浏览、检索和下载期刊文章，无须等待纸质版的发行和邮寄。

（2）及时更新

电子期刊能够及时发布最新的研究成果和学术动态，为科研工作者提供最新的信息资源。

3. 数据库

数据库是收集、整理和存储大量信息数据的电子资源，具有高度组织化和结构化的特点，方便用户进行信息检索和获取。主要包括：

（1）学术文献数据库

收录了大量的学术期刊论文、会议论文、学位论文等学术文献资源，如 Web of Science、Scopus 等。

（2）引文数据库

收录了学术文献的引用信息，帮助用户了解文献的影响力和引用关系，如 Google 学术、百度学术等。

（3）数据集数据库

收录了各种研究领域的数据集资源，为科研工作者提供丰富的实验数据和统计资料，如 UCI 机器学习数据集、Kaggle 数据集等。

4. 数字化特藏

数字化特藏是将图书馆珍贵的特藏文献进行数字化处理后提供的电子资源，主要包括古籍、手稿、地方志、档案资料等。这类资源的特点包括：

（1）珍贵而独特

数字化特藏中的文献资源往往具有重要的历史、文化和学术价值，如古代典籍、历史档案等，为研究者提供了珍贵的资料来源。

（2）便捷的获取方式

用户可以通过数字化平台进行在线查阅和研究，无须亲自前往图书馆阅览室，提高了文献资源的可及性和利用率。

二、电子资源的采购、订购和访问控制

（一）电子资源的采购和订购

电子资源的采购和订购是图书馆数字化转型的关键环节，需要考虑到用户需求、预算情况以及资源质量等多个因素。

1.根据用户需求和预算情况选择供应商：

图书馆在选择电子资源供应商时，首先需要根据用户的学科需求和研究方向进行评估。不同学科领域的用户对电子资源的需求有所不同，因此需要根据实际情况选择相应的资源供应商。例如，对于医学院校，可能需要购买医学数据库和期刊资源；而对于人文社科院校，则可能需要购买人文社科数据库和期刊资源。

此外，图书馆还需要考虑到预算情况。根据预算的限制，需要选择能够提供合适质量和覆盖范围的电子资源供应商。在预算有限的情况下，可以通过与供应商进行谈判和协商，寻求更加优惠的价格和服务条件。

2.选择合适的订购模式

在确定了电子资源供应商后，图书馆需要选择合适的订购模式。常见的订购模式包括一次性购买、订阅和租赁等。

（1）一次性购买

一次性购买是指图书馆一次性支付一定费用，永久拥有该电子资源的使用权。这种订购模式适用于那些长期稳定且具有较高价值的电子资源，如参考书、百科全书等。

（2）订阅

订阅是指图书馆定期支付一定费用，以获取对应电子资源的访问权限。订阅模式适用于那些更新频率较高的电子资源，如期刊、数据库等。图书馆可以根据实际需求选择不同订阅期限，如年度订阅、季度订阅等。

（3）租赁

租赁是指图书馆以一定费用租用电子资源，但租用期限有限。租赁模式适用于那些临时性需求较大的电子资源，如特定主题的数据库或临时性的学术资源。

（二）电子资源的访问控制

电子资源的访问控制对于图书馆来说至关重要，它涉及保护资源的版权和安全性，同时也需要提供便捷的访问服务以满足用户的需求。

1.建立有效的访问控制机制

（1）用户身份认证

图书馆应建立严格的用户身份认证机制，确保只有合法的用户才能访问和使

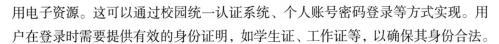

用电子资源。这可以通过校园统一认证系统、个人账号密码登录等方式实现。用户在登录时需要提供有效的身份证明，如学生证、工作证等，以确保其身份合法。

（2）授权机制

除了身份认证外，图书馆还应建立相应的授权机制，确保用户在访问电子资源时只能获取到对应权限的资源。例如，不同用户可能具有不同的访问权限，学生可能只能访问学术数据库的部分内容，而教师则可以访问全部内容。图书馆可以根据用户身份和角色设置相应的权限，实现精细化的资源管理和控制。

（3）监控和审计

图书馆应建立监控和审计机制，对用户的访问行为进行实时监控和记录。这可以帮助图书馆发现异常行为或违规访问，并及时采取相应的措施保护资源的安全性和完整性。

2. 提供便捷的访问服务

（1）多种访问途径和方式

为了提高用户对电子资源的利用率和满意度，图书馆应提供多种访问途径和方式。除了在图书馆内部提供校园网络访问外，还应支持用户进行远程访问。这可以通过 VPN（虚拟专用网络，下同）连接、代理服务器等方式实现，使用户无论身处何地都能够方便地访问电子资源。

（2）移动设备访问

随着移动互联网的发展，越来越多的用户习惯于使用移动设备进行学习和研究。因此，图书馆应提供支持移动设备访问的服务，如开发移动应用程序、优化移动网页等。这样，用户可以随时随地通过手机、平板电脑等移动设备访问所需的电子资源，提高了使用的便捷性和灵活性。

第三节　多媒体资源

一、多媒体资源的种类和利用方式

（一）多媒体资源的种类

1. 图像

图像资源是以静态的视觉形式呈现的多媒体资料，包括照片、插图、地图等。图像资源以图形方式呈现信息，通过视觉方式传达信息，具有直观、形象化的特点，在教学、展览、研究等领域被广泛应用。例如，在教育领域，图像资源可以用于教学课件的制作，丰富教学内容；在艺术领域，图像资源可以用于艺术品展览、数字艺术创作等。

2.音频

音频资源是以声音的形式呈现的多媒体资料，包括音乐、讲座、广播节目等。音频资源可以通过听觉方式传达信息，具有生动、听觉化的特点。在语言学习、音乐欣赏、听力训练等方面有广泛的应用。例如，在语言学习中，学习者可以通过听音频资源来提高听力水平和语音准确度；在广播领域，音频资源可以用于广播节目的制作和播放。

3.视频

视频资源是以图像和音频结合的形式呈现的多媒体资料，包括电影、纪录片、教学视频等。视频资源能够提供更加生动、丰富的信息呈现，具有图像和音频的双重优势。在教学辅助、娱乐传播等领域有广泛的应用。例如，在教育领域，教学视频可以用于课堂教学、在线教育等；在娱乐领域，电影和电视剧等视频资源可以提供丰富多彩的娱乐内容。

（二）多媒体资源的利用方式

1.教学辅助

（1）课件制作

教师可以利用多媒体资源制作丰富多彩的课件，包括图像、音频、视频等形式的内容。通过将课件投影到屏幕上，教师可以生动展示课程内容，增加学生的参与度和理解力。

（2）互动学习

利用多媒体资源可以创建互动式学习环境，让学生通过观看视频、听取音频等方式参与到课堂教学中。例如利用多媒体资源进行互动式问答、游戏等形式的教学活动，激发学生的学习兴趣和积极性。

（3）跨学科教学

多媒体资源可以打破学科之间的界限，促进跨学科教学。教师可以利用多媒体资源将不同学科的内容进行整合和呈现，使学生能够从多个角度理解和掌握知识。

2.学术研究

（1）资料收集与分析

学术研究者可以利用多媒体资源进行大量资料的收集和分析。例如，利用图像资源进行文献资料的扫描和数字化处理，利用音频资源进行采访录音和会议记录等，利用视频资源进行实地调查和实验观察等。

（2）研究展示与交流

多媒体资源可以用于学术研究成果的展示和交流。研究人员可以利用图像、音频、视频等形式将研究成果进行呈现，通过学术论文附带的多媒体资料或学术会议上的报告演示，向同行和公众展示研究成果，促进学术交流和合作。

3. 文化传播

（1）文化展示与传承

多媒体资源可以用于展示和传承各种文化形态。通过图像、音频、视频等形式展示不同地域、不同民族的文化特色和传统，向公众传递文化信息，促进文化传承和多元文化的发展。

（2）文化交流与互动

利用多媒体资源可以促进文化交流和互动。通过举办文化展览、艺术节目等活动，利用图像、音频、视频等形式展示不同文化之间的交流和互动，促进文化融合和共享。

（3）文化创意与创新

多媒体资源可以激发文化创意和创新。通过利用图像、音频、视频等形式进行文化创作和表现，鼓励艺术家和文化工作者进行创意性的探索和实践，推动文化产业的发展和繁荣。

二、多媒体资源的存储、检索和更新

（一）多媒体资源的存储

1. 建立专门的存储设施

（1）服务器设施

图书馆应当配备足够的服务器设施，以存储和管理多媒体资源。服务器应具备高性能、高可靠性和高安全性，能够满足不同规模和需求的资源存储和访问。

（2）网络存储设备

除了服务器，图书馆还应考虑使用网络存储设备，如网络附加存储（NAS）或存储区域网络（SAN），用于存储大容量的多媒体数据。网络存储设备能够提供灵活的存储管理和高速的数据传输，方便图书馆对多媒体资源的存取和管理。

（3）数字档案库

针对长期保存和管理的需要，图书馆可以建立数字档案库，专门用于存储和管理多媒体资源。数字档案库应具备良好的环境控制和数据备份机制，确保资源的长期保存和安全性。

（4）安全措施

建立专门的存储设施还需要考虑安全措施，包括物理安全和网络安全。物理安全措施包括对存储设施的门禁控制、监控摄像等，确保设施不受未经授权的访问和破坏。网络安全措施则包括防火墙、入侵监测系统等，保护存储设施免受网络攻击和恶意软件侵入。

2.采用专业的存储格式和技术

（1）数字化处理

在将多媒体资源存储到服务器或网络存储设备之前，需要对资源进行数字化处理。这包括将原始多媒体文件转换为标准的数字化格式，如JPEG、MP3、MP4（分别为图像、音频、视频格式）等，以便于存储和管理。

（2）压缩技术

由于多媒体资源通常占用较大的存储空间，为提高存储效率和资源利用率，图书馆应采用专业的压缩技术对多媒体数据进行压缩处理。压缩技术能够减少多媒体文件的大小，同时尽量保持其视听质量，从而节省存储空间并提高存储效率。

（3）元数据管理

除了多媒体文件本身，图书馆还需要存储和管理与多媒体资源相关的元数据信息，如作者、标题、关键词、版权信息等。采用专业的元数据管理技术，可以帮助图书馆有效地组织和检索多媒体资源，提高资源的利用效率和价值。

（二）多媒体资源的检索

1.建立高效的检索系统：

（1）统一的检索平台

图书馆应建立一个统一的多媒体资源检索平台，集成各种类型的多媒体资源，如图像、音频、视频等。这个检索平台可以是图书馆的网站或者专门的多媒体资源管理系统，用户可以通过该平台进行一站式的检索和获取。

（2）多媒体资源目录

在检索系统中建立完善的多媒体资源目录，包括对每个资源的描述、关键词标签、作者信息、版权声明等元数据信息。这些信息能够帮助用户更准确地定位所需资源，并了解资源的相关信息和使用规则。

（3）搜索引擎优化

为了提高检索系统的检索效率和用户体验，图书馆可以采用搜索引擎优化（SEO）的方法对检索系统进行优化。通过优化关键词、页面结构、链接等方面，提高检索系统在搜索引擎中的排名和可见性，增加用户的访问量和检索效果。

（4）用户反馈机制

建立用户反馈机制，定期收集用户对检索系统的评价和建议，及时调整和改进系统功能和界面设计，提高系统的用户友好性和实用性。

2.提供多样化的检索途径

（1）关键词检索

提供基于关键词的检索功能，让用户可以通过输入关键词来检索所需的多媒体资源。检索系统应支持关键词的模糊匹配和自动补全功能，提高检索的准确性和效率。

（2）分类浏览

除了关键词检索，图书馆还提供分类浏览的功能，让用户可以根据资源的主题、类型、作者等属性进行浏览和筛选。建立多级分类体系，使用户能够快速定位到所需资源的具体类别。

（3）主题推荐

利用用户的检索历史和借阅记录等信息，向用户推荐与其兴趣相关的多媒体资源。通过分析用户的行为数据，为用户提供个性化的资源推荐服务，提高用户满意度和资源利用率。

（4）高级检索功能

为一些专业用户提供高级检索功能，如按日期、作者、地域、语言等属性进行精确检索。这些高级检索功能能够满足专业用户对特定资源的精准需求，提高检索系统的适用性和实用性。

（三）多媒体资源的更新和维护

1.定期更新资源内容：

（1）多媒体资源采购与更新计划

图书馆应根据用户需求和资源的时效性制定多媒体资源采购与更新计划。该计划应考虑到不同类型资源的更新频率，及时跟踪和收集相关领域的新资源，确保资源内容的及时更新。

（2）优先更新热门资源

图书馆可以根据用户的访问量和下载量等数据，优先更新和替换热门资源。针对受欢迎的资源，及时更新能够提高用户体验，增加用户黏性，促进资源的更好利用。

（3）定期评估和清理老旧资源

除了添加新资源，图书馆还需要定期评估和清理老旧资源。通过定期的资源清理工作，可以及时淘汰过时的、不再受欢迎的资源，释放存储空间，提高资源管理效率。

（4）资源更新通知与推送

为了提醒用户资源的更新和变动，图书馆可以采取资源更新通知和推送的方式。通过邮件、短信、App（应用程序，下同）通知等渠道向用户发送更新消息，帮助用户及时了解到新资源的推出和更新情况。

2. 加强资源的质量控制

（1）资源采购与评估

在采购新资源时，图书馆应当进行严格的资源评估，确保资源的准确性、完整性和可信度。对于商业合作伙伴提供的资源，应签订明确的服务合同，约定资源的质量标准和保障措施。

（2）版权和授权管理

图书馆在更新和维护资源时，必须严格遵守版权法和相关法律法规，确保所采集的资源具有合法的版权和授权。对于无版权或未经授权的资源，图书馆应当及时删除或停止使用，以免引发版权纠纷和法律风险。

（3）质量监控与反馈机制

建立资源的质量监控与反馈机制，定期对资源进行质量评估和监控，及时发现并解决资源存在的问题。同时，鼓励用户积极反馈资源使用过程中的问题和建议，促进资源的持续改进和提升。

（4）技术支持与维护团队

图书馆应建立专门的技术支持和维护团队，负责资源的日常维护和管理工作。该团队应具备专业的技术水平和丰富的经验，能够及时处理资源相关的技术问题和紧急事件，确保资源的正常运行和稳定性。

第四节 开放获取资源

一、开放获取资源的概念和优势

（一）开放获取资源的概念

开放获取资源（Open Access Resources）是指以数字化形式呈现的文献资源，

其免费向公众开放并且不受版权限制。这些资源包括但不限于学术期刊、学位论文、科研数据、图书等各种形式的文献资料。与传统的付费订阅模式不同，开放获取资源可以自由获取、下载和利用，为用户提供了更为便捷和广泛的知识获取途径。

（二）开放获取资源的优势

1. 无门槛获取

开放获取资源无须支付费用或订阅费用，任何人都可以自由获取和使用。这种无门槛获取的特性降低了获取信息的难度和成本，使更多的人能够获得所需的知识和信息，促进了知识的普及和共享。

2. 可持续利用

开放获取资源采用开放许可证，允许用户在符合许可条件的前提下进行再利用和二次创作。用户可以在资源的基础上进行进一步的研究、创新和应用，从而促进了科研成果的可持续利用和创新发展。

3. 促进学术交流

开放获取资源提供了一个开放、透明的学术交流平台，为学术界和研究者提供了更广泛、更快速的信息交流和共享途径。研究者可以更加便捷地获取到最新的研究成果和学术资料，促进了学术界的交流合作，加速了学术研究的进展和成果的传播。

4. 提高研究影响力

开放获取资源能够提高研究成果的可见性和影响力。由于开放获取资源的免费获取和广泛传播，研究成果可以更快速地被他人发现和引用，增加了研究成果的影响力和引用率，进而提升了研究者的学术声誉和研究成果的影响力。

5. 促进教育和社会发展

开放获取资源不仅为学术界提供了便捷的知识获取途径，也为教育和社会发展提供了重要支持。教育机构、学校、政府机构等可以免费获取到丰富的学术资料和教学资源，促进教育教学质量的提升和社会知识水平的提高。

二、开放获取资源的收集、筛选和管理

（一）开放获取资源的收集

1. 与开放获取平台合作

图书馆可以与各种开放获取平台展开合作，这些平台提供了大量的开放获取资源，如 DOAJ（Directory of Open Access Journals）、OAIster（Open Archives

Initiative Protocol for Metadata Harvesting）等。通过与这些平台合作，图书馆可以获取开放获取资源的信息和链接，从而丰富图书馆的数字化馆藏内容。

2. 建立数字资源库

图书馆可以建立数字资源库，专门用于整合和收集开放获取资源。这个数字资源库可以包含各种形式的开放获取资源，如期刊文章、学位论文、科研数据、图书等。通过建立数字资源库，图书馆可以为用户提供集中的检索和访问平台，方便用户查找和获取所需的开放获取资源。

（二）开放获取资源的筛选和管理

1. 资源筛选

图书馆在收集开放获取资源时，必须进行严格的资源筛选，以确保所收集的资源符合学科需求和馆藏建设规划，同时满足用户的信息需求。资源筛选是一个系统性的过程，需要综合考虑多个方面的因素。

对资源的学术质量进行评估是至关重要的。图书馆需要确保所收集的开放获取资源具有较高的学术水平和权威性，以保证用户获取到的信息是可靠的、有学术价值的。这包括评估资源的作者背景、研究方法、论证逻辑、实证数据等方面，以判断资源是否符合学术标准和研究要求。

需要考虑资源的内容覆盖范围。图书馆的馆藏建设规划通常会明确指定特定学科领域或主题的重点发展方向，因此在筛选资源时需要确保所选择的资源与馆藏发展方向相一致，并且能够充分覆盖该领域或主题的相关内容，以满足用户的信息需求和研究要求。

评估资源的作者权威性也是非常重要的。图书馆需要关注资源的作者身份、研究背景、学术地位等方面的信息，以确定资源的可信度和权威性。具有良好学术声誉和丰富研究经验的作者所发表的开放获取资源往往更具有参考价值和影响力，因此应优先考虑收录这类资源。

2. 资源采购

图书馆在采购开放获取资源时，需要进行合理的预算安排和资源优先级排序，以确保资源的稳定获取和长期利用。预算安排是资源采购的基础，它涉及图书馆的财务状况、资源需求和使用情况等因素的综合考量。首先，图书馆需要对当前的财务状况进行评估，确定可用于资源采购的预算额度。这需要考虑到图书馆的总预算、财政支持情况以及其他经费来源等因素，确保资源采购不会对图书馆整体财务造成不良影响。

在确定预算额度后，图书馆需要根据资源的优先级进行排序。资源的优先级可根据其在图书馆馆藏建设规划中的重要性、对用户需求的满足程度、学科特点和研究方向等因素来确定。一般来说，图书馆会优先考虑购买那些在学术界具有重要地位、用户需求较为迫切、在当前学科领域具有前沿性和代表性的资源。这些资源的采购可以更好地满足用户的信息需求，提高图书馆的学术声誉和服务水平。

在资源的优先级排序确定后，图书馆需要进行具体的资源采购工作。这包括与出版商、供应商或其他采购渠道进行联系和谈判，获取资源的相关信息和价格，然后根据预算情况进行决策和采购。在采购过程中，图书馆需要注重资源的版权情况、订购方式、使用许可等方面的合规性，以确保资源的合法获取和使用。

3. 管理机制建立

图书馆在建立有效的管理机制方面至关重要，特别是对于开放获取资源的管理。这个管理机制应该涵盖多个方面，以确保资源的充分利用和持续管理。其中，对开放获取资源使用情况的监控是至关重要的一环。

图书馆可以通过资源访问统计来了解用户对不同资源的需求和使用情况。通过访问统计数据，可以分析出哪些资源受到用户欢迎，哪些资源使用较少，进而根据实际情况调整资源的采集和管理策略。这种定量的数据分析可以帮助图书馆更好地了解用户需求，优化资源配置。

监测资源的下载量也是管理机制中的重要一环。下载量监测可以告诉图书馆哪些资源被用户频繁下载，哪些资源受到用户关注。这种信息对于资源采购和订购决策具有指导意义，可以帮助图书馆更有针对性地采购和管理资源，提高资源的使用效率和满足用户需求。

除了定量数据的统计和分析，图书馆还可以通过定性调研和用户反馈等方式获取用户对开放获取资源的使用情况和评价。通过定期的用户满意度调查、用户反馈渠道等，图书馆可以了解用户对资源的感受和意见，及时发现问题并改进服务，提高用户体验和满意度。

第五节　特色馆藏资源

一、特色馆藏资源的价值和特点

（一）特色馆藏资源的价值

1.历史价值

特色馆藏资源通常具有悠久的历史背景和深厚的历史积淀。这些资源记录了特定时期的社会、政治、经济和文化等方面的重要信息，为研究历史事件、社会演变和人类文明的发展提供了珍贵的资料和见证。通过研究这些资源，可以深入了解过去的生活方式、思想观念以及社会结构，从而拓宽历史研究的视野，促进历史文化的传承和发展。

2.文化价值

特色馆藏资源承载着特定地区或民族的文化传统和精神内涵，是文化遗产的重要组成部分。这些资源反映了当地的风土人情、传统习俗、宗教信仰、艺术表达等方面的特色，展示了地域文化的多样性和丰富性。通过研究和保护这些资源，可以促进文化的传承与创新，加强民族认同感和文化自信心，推动文化多样性的发展。

3.学术价值

特色馆藏资源蕴含着丰富的学术研究价值，具有重要的学术意义和研究价值。这些资源涵盖了各个学科领域，包括文学、历史、哲学、艺术、科学等多个方面。研究人员可以通过对特色馆藏资源的深入挖掘和分析，开展学术研究，探讨学术问题，推动学科发展。特色馆藏资源还可以为学者提供研究素材和研究对象，促进学术交流和学术成果的传播。

（二）特色馆藏资源的特点

1.独特性

特色馆藏资源的独特性是图书馆珍贵资产的重要特征之一。与一般的图书资料相比，特色馆藏资源具有独特性和稀缺性，其独特性主要体现在以下几个方面。

特色馆藏资源往往是稀有的古籍文献。这些古籍可能是历史悠久、保存完好的珍贵文献，记录了古代社会、文化、科技等各个方面的重要信息。由于年代久远和保存条件有限，这些古籍文献在当今世界上已经很少见到，因此具有极高的收藏和研究价值。

特色馆藏资源可能包括珍贵的手抄本。手抄本作为文化传承的重要载体，常常承载着作者的独特思想和文学风采。由于手抄本的制作工艺复杂，保存条件苛刻，因此能够流传至今的手抄本非常有限，具有极高的历史、文化和艺术价值。

特色馆藏资源还可能涵盖特殊的历史文献。这些历史文献可能是某一历史时期的重要档案文件、政府公文、历史文献等，记录了特定时期的政治、经济、社会等方面的重要事件和变化。这些历史文献对于研究历史事件、了解历史演变具有不可替代的作用，因而具有极高的学术和研究价值。

2. 代表性

特色馆藏资源的代表性体现了其在文化、历史和学术方面的重要性和价值。这些资源作为特定时期或特定地区的文化遗产，承载着丰富的历史信息、社会生活和学术成就，具有典型性和代表性。

特色馆藏资源反映了特定时期的文化和历史。通过研究这些资源，可以深入了解特定时期社会的生活状态、经济发展、政治制度、文化传统等方面的情况。例如，古代的手抄本、古籍文献、历史档案等记录了古代社会的政治、经济、文化等各个方面的发展历程，反映了当时社会的风貌和人们的生活方式。

特色馆藏资源展示了特定地区的文化特色和学术成就。不同地区因其地理环境、历史背景、民族风情等因素，形成了独特的文化传统和学术发展。特色馆藏资源中的地方文献、民族文化资料、地方志等记录了特定地域的历史、地理、民俗等方面的特色，反映了地方文化的多样性和丰富性。

特色馆藏资源还具有学术代表性。这些资源可能包括某一学科领域的经典著作、重要论文、学术文献等，代表了特定学科领域的研究成果和学术水平。通过研究这些资源，可以了解该学科领域的学术发展历程、研究趋势和学术思想。

3. 多样性

特色馆藏资源的多样性是图书馆馆藏的重要特点之一，它不仅包括了各种形式的资源，还涵盖了丰富多彩的内容，为读者提供了广泛的选择和丰富的阅读体验。

特色馆藏资源在形式上呈现出多样性。除了传统的纸质图书外，还包括了电子文献、数字档案、影视资料、音频资料等多种形式的资源。这些资源形式的多样性使得读者可以通过不同的媒介和载体获取信息，满足了不同读者的阅读偏好和需求。

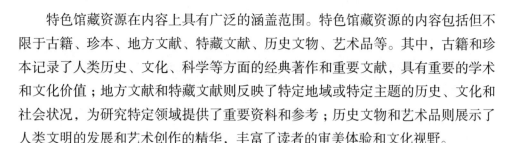

特色馆藏资源在内容上具有广泛的涵盖范围。特色馆藏资源的内容包括但不限于古籍、珍本、地方文献、特藏文献、历史文物、艺术品等。其中，古籍和珍本记录了人类历史、文化、科学等方面的经典著作和重要文献，具有重要的学术和文化价值；地方文献和特藏文献则反映了特定地域或特定主题的历史、文化和社会状况，为研究特定领域提供了重要资料和参考；历史文物和艺术品则展示了人类文明的发展和艺术创作的精华，丰富了读者的审美体验和文化视野。

特色馆藏资源的内容涵盖了各个学科领域，涉及了人文、社会、自然科学等多个领域。这种多学科的特点使得图书馆的馆藏资源能够满足不同读者的学习和研究需求，为跨学科研究和学科交叉提供了便利条件。

二、特色馆藏资源的推广和利用策略

（一）推广特色馆藏资源

1. 举办展览

图书馆举办展览是展示特色馆藏资源、促进学术交流、提升馆藏知名度的重要方式之一。通过展览活动，图书馆可以向公众展示馆藏资源的丰富性、独特性和价值，吸引更多读者参观、了解和利用馆藏资源。

展览活动通常按照不同的主题或特色进行策划和组织。这些主题可以涵盖历史文化、学术研究、艺术表现等多个领域，例如某一历史时期的特色文献、某一学科领域的专题研究、某一艺术流派的展示等。通过精心策划和组织，展览活动可以突出特色资源的价值和意义，引起观众的兴趣和共鸣。

展览活动的形式多样，可以包括实物文物展示、展板展示、多媒体展示等。实物文物展示是展览活动的重要组成部分，通过展示古籍、珍本、历史文物、艺术品等实物，使观众能够近距离感受到这些特色资源的独特魅力。展板展示则是通过图片、文字等形式，向观众介绍展览主题、特色资源的相关知识和背景，增强观众的理解和认知。多媒体展示则借助现代科技手段，通过影像、音频等形式，呈现特色资源的内容和特点，提升展览的视听效果和体验感。

展览活动不仅是展示特色馆藏资源的平台，也是与公众、学术界进行交流和互动的重要渠道。通过展览活动，图书馆可以与社会各界建立良好的沟通和合作关系，增强图书馆在社会中的影响力和地位。展览活动的成功举办不仅能够提升馆藏资源的知名度和价值，还能够促进图书馆的发展和建设，推动文化传承和学术交流的繁荣。

2. 出版图录

图书馆编撰特色馆藏资源的图录或目录，并出版发行，是向研究者、学者和公众介绍馆藏资源的重要方式之一。这些图录可以系统地记录馆藏资源的内容、数量、特点、价值等信息，为用户提供全面的了解和参考。

图录的编撰需要对馆藏资源进行全面的梳理和整理。图书馆工作人员需要对馆藏的特色资源进行详细的调查和研究，包括古籍、珍本、地方文献、特藏文献等多种类型的资源。他们需要收集资源的相关资料、文献和图片，并对这些信息进行整理和归纳，以便编撰成册。

图录的编撰需要遵循一定的规范和标准。这包括对图录的内容、结构、格式等方面进行统一规划和设计，确保图录的准确性、全面性和易读性。图录中应该包括每一项资源的基本信息，如名称、作者、出版地、出版时间等，以及资源的特色、价值和相关研究成果等内容。

图录的出版发行需要进行精心策划和组织。图书馆可以与出版社合作，选择合适的出版形式和版本，如纸质图录、电子图录等，以满足不同用户的阅读需求。同时，图书馆还可以通过各种渠道进行宣传推广，如在学术会议上发放宣传材料、在网络平台上发布信息等，吸引更多人关注和利用馆藏资源。

（二）利用特色馆藏资源

1. 数字化开放

利用数字化技术开放特色馆藏资源是现代图书馆的重要举措之一。通过数字化，特色馆藏资源可以被转化为电子格式，存储在数字数据库中，并通过图书馆网站或专门的数字资源平台向公众开放。这种数字化开放的方式打破了传统图书馆时间和空间的限制，为用户提供了更加便捷和灵活的访问途径，促进了资源的共享和传播。

数字化开放使得特色馆藏资源的访问更加便捷。用户不再需要亲自前往图书馆现场，只需通过网络就可以随时随地获取到所需资源。这种便捷的访问方式极大地提高了用户的使用效率，降低了获取信息的门槛，吸引了更多的用户积极参与到特色资源的利用中来。

数字化开放能够实现资源的共享和传播。通过数字化技术，特色馆藏资源可以以数字化形式被复制、传播，甚至与其他机构共享。这样一来，不仅可以让更多的用户受益于这些珍贵的资源，还可以促进资源之间的交流与合作，推动学术研究的进展。

数字化开放还能够提升特色馆藏资源的保护与保存水平。将特色资源进行数字化处理，可以减少资源的物理接触，降低资源的损耗和磨损，延长其保存时间。同时，数字化的备份方式也能够保障资源数据的安全性和可靠性，有效防止了因灾害或人为破坏而导致的资源丧失。

2. 建立特藏阅览室

建立专门的特藏阅览室是图书馆提供特色馆藏资源服务的重要举措之一。特藏阅览室的建立旨在为用户提供一个专门的空间，供其深入研究和学术交流特色资源。在这样的阅览室中，图书馆可以提供舒适的阅览环境和专业的服务，以满足用户对特色资源的需求和期望。

特藏阅览室应该提供舒适的阅览环境。这包括舒适的座椅、充足的阅览灯光、适宜的温度和湿度控制等，以确保用户在阅读过程中的舒适感受和良好的工作状态。此外，阅览室的布局和装饰也应该考虑到用户的阅读需求和心理感受，营造出一个安静、温馨的阅读环境。

特藏阅览室需要配备专门的保护设施和设备，确保特色资源的安全性和完整性。这包括严格的进出管理制度、视频监控系统、防火、防水等安全设施，以及专门的气候控制设备和防护性装具，保障特色资源不受损坏和丢失。

图书馆还应该在特藏阅览室中配备专业的工作人员，为用户提供引导和咨询服务。这些工作人员应该具备丰富的学科知识和专业技能，能够为用户提供专业的参考咨询、文献检索和资源利用指导，帮助用户更好地利用特色资源进行研究和学术交流。

3. 开展学术研究

图书馆作为学术研究和知识传播的重要场所，积极组织学术研讨会、讲座等活动，是其推动学术交流和促进特色馆藏资源深入研究的重要举措之一。通过这些学术活动，图书馆可以为专家学者提供一个共同探讨、交流学术观点和研究成果的平台，进一步挖掘和利用特色馆藏资源的学术价值。

学术研讨会是图书馆举办的重要学术活动之一。这些研讨会可以针对特定的学术主题或研究领域展开，邀请相关领域的专家学者和研究人员进行学术交流和讨论。通过学术研讨会，不仅可以汇聚各方学者的智慧和经验，还可以促进学科交叉和跨界合作，推动学术研究的深入发展。

图书馆可以定期举办学术讲座，邀请国内外知名学者和专家为读者和社会公众讲解特色馆藏资源的研究成果和学术价值。这些讲座可以涵盖多个学科领域和研究方向，旨在为听众提供最新的学术动态和研究进展，激发他们的学术兴趣和思考。

第六节　读者服务设施

一、读者服务设施的设计和布局

（一）读者服务设施的设计原则

1.用户需求导向

图书馆作为提供知识和信息服务的重要机构，其读者服务设施的设计应当以用户需求为导向，以确保满足读者的需求和提升用户体验为目标。用户需求导向的设计理念，是指图书馆在规划和设计读者服务设施时，应当充分考虑并贴近读者的需求、偏好以及使用习惯，以确保所提供的服务能够真正满足读者的期望和需求。

图书馆需要通过各种方式主动了解读者的需求，包括但不限于定期进行用户调研、开展用户满意度调查、接受用户的反馈和建议等。通过这些调查和反馈，图书馆可以全面了解读者的阅读习惯、兴趣偏好、信息需求等方面的情况，为设计和提供合适的服务设施提供参考依据。

图书馆应当根据用户的需求和反馈，设计出符合用户期望的服务设施。这包括但不限于舒适的阅读空间、方便的借阅流程、多样化的数字资源服务等。例如，在设计阅读区时，可以考虑提供宽敞明亮的阅读空间、符合人体工程学的座椅、充足的自然光线和合适的照明等，以提升用户的阅读体验和舒适度。在设计数字资源服务时，可以结合用户的信息检索习惯和需求，设计出用户友好的检索界面和个性化推荐系统，提供更加精准、高效的信息服务。

图书馆应当不断优化和改进读者服务设施，以适应用户需求的变化和发展。这包括持续进行用户调研和满意度评估，根据用户反馈及时调整和改进服务设施，提高用户满意度和体验感。同时，图书馆还应当关注新的技术和服务模式的发展，积极引入创新的设计理念和技术手段，为用户提供更加便捷、高效的服务体验。

2.舒适性和便捷性

舒适性和便捷性是图书馆读者服务设施设计的重点考量因素，对于提升读者的阅读体验和满意度具有至关重要的作用。舒适的阅读环境和便捷的服务设施可以有效地吸引读者前来图书馆，促进他们的学习和阅读活动，并提高他们的满意度和忠诚度。

舒适的阅读环境是保障读者舒适性的关键。在图书馆的设计中，应当考虑提供舒适的座椅和桌椅，以保证读者在阅读过程中的舒适度和体验感。座椅的设计应当符合人体工程学原理，提供足够的支撑和舒适度，避免长时间阅读造成的不适感。同时，充足的自然光线和合适的照明设施也是确保阅读环境舒适性的重要因素，可以提高读者的阅读体验和视觉舒适度。此外，合适的温度和湿度控制也是保障阅读环境舒适性的关键，可以有效地提高读者在图书馆内的停留时间和阅读效率。

便捷的服务设施是提高图书馆服务效率和用户体验的重要保障。在图书馆的设计中，应当考虑提供便捷的书架布局和书籍分类，方便读者查阅和借阅所需的图书和资料。合理的书架布局和分类系统可以帮助读者快速定位所需的图书和资料，提高他们的阅读效率和满意度。此外，便捷的借还台和自助借还设备也是提高服务效率和用户体验的关键因素，可以减少读者排队等候的时间，提高借还效率，提升服务质量和用户满意度。

3. 功能区域划分

功能区域划分是图书馆设计中至关重要的一环，它根据读者的不同需求和行为习惯，合理划分了不同功能的区域，以提供更加个性化和高效的服务体验。主要的功能区域包括阅览区、借阅区和学习区等，每个区域都有其独特的功能和服务特点，能够满足读者在图书馆内的各种需求。

阅览区是图书馆中最为核心和基础的功能区域之一。在阅览区，读者可以自由选择图书和资料进行阅读和研究。为了确保阅读环境的舒适性和安静性，阅览区通常会配置舒适的座椅、充足的自然光线和安静的阅读环境，为读者提供一个专注和安静的阅读空间。

借阅区是读者借阅图书和资料的主要场所。在借阅区，读者可以方便地查阅图书目录、借取图书和归还图书。为了提高服务效率和用户体验，借阅区通常会配备清晰明了的书架标识和借还台，以及自助借还设备，帮助读者快速完成借阅手续，减少排队等候的时间，提升服务质量。

学习区是供读者进行学习、研究和讨论的场所。在学习区，读者可以使用图书馆提供的学习设备和学习资源，进行个人学习或小组学习活动。学习区通常会提供宽敞明亮的学习桌椅、便利的电源插座和网络连接设施，满足读者学习和研究的需要，促进学术交流和合作。

（二）主要功能区域的设计和布局

1. 阅览区

阅览区是图书馆中极为重要的功能区域之一，它为读者提供了专注、安静的阅读环境，是进行学习、研究和阅读的主要场所。在设计阅览区时，舒适性和安静性是至关重要的考虑因素，这些因素直接影响着读者的阅读体验和学习效果。

为了确保阅览区的舒适性，需要配置宽敞舒适的阅览桌椅。阅览桌椅的设计应考虑到人体工程学原理，选择舒适的椅子和合适高度的桌子，以减轻读者长时间阅读时的身体疲劳感。此外，阅览区的空间布局也应该合理，避免拥挤和局促的感觉，为读者提供宽敞舒适的阅读环境。

充足的阅读灯光和充足的书架也是阅览区设计中需要考虑的重要因素。良好的阅读灯光能够提高读者的阅读效率和舒适度，减少眼部疲劳感；而充足的书架则能够保证读者在阅读过程中能够方便地获取所需的图书和资料，提高阅读的便利性和效率。

为了进一步提升阅览区的舒适性，可以在阅览区设置一些舒适的沙发和休息区。这些沙发和休息区可以为读者提供一个放松身心的场所，在阅读之余进行休息和交流，增强阅读的愉悦感和社交性。

2. 借阅区

借阅区在图书馆中扮演着至关重要的角色，它是读者获取图书和办理借阅手续的核心区域。设计一个功能完善、便捷高效的借阅区对于提升用户体验和图书馆服务质量至关重要。

借阅区的设计应注重布局的合理性和空间的利用效率。清晰明了的书架标识能够帮助读者快速找到所需图书，提高借阅效率。此外，设置充足的借还台和书架空间，可以确保借阅区的秩序井然，防止拥挤和混乱的情况发生，提升借阅效率和服务质量。

借阅区的自助服务设备和工作人员服务台的设置也是设计的重点之一。配置自助借还设备可以提高借阅效率，减轻工作人员的负担，让读者能够更加便捷地借阅图书。同时，工作人员服务台可以为读者提供专业的咨询和帮助，解决借阅过程中的问题，提升服务质量和用户满意度。

为了丰富借阅区的服务功能，可以设置一些书籍推荐展示区。这些展示区可以展示新书推荐、热门图书、主题展览等，让读者更加方便地发现新书和感兴趣的图书资源，增加借阅的多样性和趣味性。

3. 学习区

学习区在现代图书馆中扮演着至关重要的角色，它是读者进行学习、研究和讨论的核心场所。为了满足不同读者群体的学习需求，学习区的设计应该充分考虑空间的利用效率、舒适性以及功能的多样性。

学习区的设计应该注重空间的宽敞明亮和舒适性。提供宽敞明亮的学习桌椅可以让读者在舒适的环境中进行学习和研究，减少因为拥挤或不舒适的环境而影响学习效果。此外，为了方便读者使用电子设备，应该提供便利的电源插座和网络连接设施，确保读者在学习过程中不受电力和网络的限制。

学习区可以根据不同的学习需求设置不同类型的学习区域。例如，可以设置独立的小间隔学习区，为需要安静独立学习的读者提供一个专注的学习空间；同时，也可以设置多人合作学习区，为需要进行团体学习和合作讨论的读者提供一个开放和交流的学习环境。这样的设置可以满足不同读者群体的学习习惯和需求，提高学习区的利用率和服务质量。

为了丰富学习区的功能和服务，可以设置一些多媒体设备，如电脑、投影仪等。这些设备可以帮助读者获取和利用多媒体资源，如电子书籍、在线课程、学术论文等，提高学习效率和效果。同时，还可以设置一些学习辅助设施，如白板、讲台等，为读者提供更加便捷和高效的学习工具。

二、读者服务设施的改进与更新

（一）用户需求调查和评估

1. 定期调查

了满足读者的需求并持续提升服务质量，图书馆应当定期进行用户需求调查。这种定期调查是一种必要的机制，能够帮助图书馆全面了解读者对服务设施的需求和期望。通过多种方式进行调查，包括问卷调查、访谈、焦点小组讨论等，可以收集到读者的意见和建议，为图书馆提供宝贵的反馈信息。

问卷调查是一种常见的调查方式，可以通过设计结构化的问卷表格，覆盖各个方面的服务内容，如借阅服务、检索服务、学术支持、设施环境等。通过向读者提出具体问题，例如对现有服务的满意度、改进意见等，可以获取到定量化的数据，帮助图书馆进行客观分析和评估。

此外，访谈和焦点小组讨论是一种更加深入的调查方式，能够更好地了解读者的真实需求和期望。通过与读者进行面对面的交流，可以深入探讨他们的想法、感受和建议，发现潜在的问题和改进空间。访谈可以针对个别读者展开，了解他们的具体需求和体验；而焦点小组讨论则可以集中讨论某一特定问题或主题，从而获取多角度的意见和看法。

2. 评估用户满意度

评估用户满意度对于图书馆提供的服务至关重要。定期评估用户对服务设施的满意度是一种有效的方式，可以帮助图书馆了解用户对服务的真实感受和需求。这种评估通常通过多种方式进行，其中包括定期的满意度调查和实地观察等方法。

满意度调查是最常见的评估方式之一。通过设计问卷调查或在线调查表，图书馆可以向用户提出关于服务质量、设施舒适度、资源丰富度等方面的问题，以收集用户的反馈意见。这些问题可以涵盖服务的各个方面，包括借阅服务、检索服务、学术支持、设施环境、人员素质等。通过分析调查结果，图书馆可以了解用户的满意度水平，发现存在的问题和不足之处，并及时采取改进措施。

实地观察也是一种重要的评估方式。图书馆工作人员可以通过观察用户在图书馆内的行为和互动，了解他们的使用习惯、需求和偏好。例如，观察用户在借书台、阅览室、自习区的活动情况，可以了解到用户的借阅频率、阅读时长、使用设备等情况，从而评估服务的实际效果和用户体验。

（二）设施改进和更新

1. 增设自助服务设备

引入更多的自助服务设备是图书馆提升服务效率和便利性的重要举措。这些设备包括自助借还设备和自助查询终端等，能够极大地减轻工作人员的负担，同时为用户提供更快速、更便捷的服务体验。

首先，自助借还设备能够让读者自行完成借书和还书的操作，无须排队等候人工处理，从而节省了大量的时间和人力资源。读者可以通过这些设备轻松地完成借阅流程，随时随地方便快捷地获取所需图书，提高了服务的效率和便利性。

其次，自助查询终端为读者提供了便捷的检索和查询服务。通过这些终端，读者可以自行查找图书馆藏书情况、图书位置、馆藏目录等信息，无须寻求工作人员的帮助，节省了沟通时间，提高了检索效率。这不仅方便了读者的信息获取，也减轻了图书馆工作人员的工作压力，释放出更多精力用于其他重要的服务工作。

引入自助服务设备还能够促进图书馆的数字化转型和智能化发展。随着科技的不断进步，自助服务设备的功能和性能也在不断提升，可以更好地满足读者的多样化需求。通过结合图书馆管理系统，这些设备能够实现更多功能，如自动续借、预约取书、自助缴费等，进一步提升了服务的智能化水平。

2. 提供无线网络覆盖

增设无线网络覆盖设施是现代图书馆提升服务质量和满足读者需求的重要举措。在当今这个数字化时代，网络已经成为人们获取信息和进行学习的重要途径之一。因此，为了满足读者的信息需求和提升图书馆的服务水平，增设无线网络覆盖是至关重要的。

首先，提供全面的无线网络覆盖可以使图书馆成为一个更具吸引力的学习和研究场所。无线网络的覆盖范围应该覆盖整个图书馆，包括阅览区、借阅区、学习区等各个区域。这样，读者无论身处何处，都可以方便地接入网络，随时随地使用电子资源、检索资料，从而提高了图书馆的利用率和吸引力。

其次，增设无线网络覆盖设施有助于满足读者对信息获取的即时性需求。在图书馆中，读者可能需要查找某个特定的资料或者与他人进行网络交流讨论。提供无线网络覆盖后，读者可以随时随地利用个人设备进行信息检索和交流，不再受制于有线网络的限制，极大地提高了信息检索的效率和便利性。

增设无线网络覆盖还有助于推动图书馆的数字化转型和智能化发展。通过结合现代技术，如智能手机、平板电脑等移动设备，读者可以更方便地使用图书馆提供的电子资源和服务。例如，借助无线网络，读者可以在线阅读电子书籍、参与在线学习课程，甚至参与数字化馆藏的访问和管理，从而进一步提升了图书馆的服务水平和影响力。

3. 开设自习室

开设专门的自习室是图书馆提供优质学习环境和满足读者学习需求的重要举措之一。随着社会发展和教育水平的提高，越来越多的人将图书馆视为学习和研究的重要场所，因此，提供适宜的自习室空间是满足读者需求的重要保障。

自习室的设立能够为读者提供安静、独立的学习空间。在自习室中，读者可以远离嘈杂的环境和外界干扰，集中精力进行学习和思考。这种安静的学习环境有助于提高学习效率，培养学习专注力，对于需要进行深度思考和阅读的学习任务尤为重要。

自习室应该配备适当的学习设备和设施，如学习桌椅、台灯、插座等。良好的学习设备能够为读者提供舒适的学习体验，使他们能够更加专注地进行学习和研究。此外，自习室还可以提供基础学习资源，如参考图书、期刊等，方便读者进行资料查阅和学习辅助。

自习室的开放时间应该灵活多样，以满足不同读者的学习时段需求。图书馆可以根据读者的实际需求和学习习惯，设置不同时间段的自习室开放时间，包括白天、晚上甚至周末。这样一来，不论是学生还是职场人士，都能够在适合自己的时间段内利用自习室进行学习和研究。

第三章　现代图书馆资源管理体系

第一节　资源采购与订购

一、资源采购的流程和策略

（一）用户需求调研

1. 调研方式和工具

图书馆为了更好地了解用户的需求和阅读偏好，可以采用多种方式进行用户需求调研。其中，调查问卷是一种常用的方法，它可以覆盖更广泛的用户群体，并通过量化的方式收集用户的意见和反馈。通过设计问卷，图书馆可以针对性地了解用户对不同类型资源的需求程度、对服务质量的满意度以及对图书馆设施和活动的看法，从而为资源采购和服务提升提供重要参考。

此外，面对面访谈也是一种有效的调研方式。通过与用户直接交流，图书馆工作人员可以深入了解用户的具体需求和反馈，探讨他们在使用图书馆资源时的体验和感受。面对面访谈可以帮助图书馆建立更加密切的用户关系，增进用户对图书馆的信任感和归属感，同时也有助于发现用户可能没有意识到的需求，为图书馆提供改进和创新的方向。

除了直接与用户交流外，数据分析也是一种重要的调研方式。图书馆可以通过对自身系统中的数据进行挖掘和分析，了解用户的借阅和检索行为，揭示用户的偏好和行为习惯。例如，通过分析借阅记录、检索关键词等数据，可以发现用户对某一类别资源的偏好程度，或者发现某些资源的热门程度，从而为图书馆的采购决策和服务优化提供数据支持。

2. 调研内容和范围

用户需求调研的内容和范围涵盖了多个方面，这些方面对于图书馆了解用户需求、改进服务、优化资源采购具有重要意义。首先，调研内容应包括用户对不同类型资源的需求。这涵盖了图书、期刊、学术论文、数字化资源等各种形式的文献信息，以及多媒体资源、专业数据库等其他类型的资源。了解用户对不同类型资源的需求程度和优先级，可以帮助图书馆优化馆藏资源，更好地满足用户的信息需求。

其次，调研内容还应包括用户对特定主题或领域的兴趣。通过了解用户在特定学科领域或主题方面的兴趣和需求，图书馆可以有针对性地采购相关资源，提供更加精准的服务。例如，某些用户可能对特定学科的最新研究成果或专业领域的前沿信息感兴趣，图书馆可以根据这些需求加强相关资源的采购和推广。

调研范围还应包括用户对服务质量和便利性的评价。用户对图书馆的服务体验和服务质量的评价直接关系到图书馆的用户满意度和声誉。因此，通过调研用户对服务质量的感受和对服务便利性的评价，图书馆可以发现服务中存在的问题和不足之处，及时进行改进和优化，提升用户体验和满意度。

（二）制定采购计划

1.考虑因素和规划内容

在制定采购计划时，图书馆需要综合考虑多个因素，以确保采购工作能够有效地满足用户需求并符合图书馆的发展方向。图书馆应充分考虑用户需求调研结果。通过用户调查问卷、面对面访谈和数据分析等方式收集的信息可以帮助图书馆了解用户的信息需求和阅读偏好，从而指导采购工作的方向和重点。

图书馆还需要结合自身的发展规划来制定采购计划。图书馆的发展规划包括长期发展目标、服务定位、馆藏建设方向等内容，这些都会对采购计划产生重要影响。例如，如果图书馆的发展目标是成为某一领域的研究中心，那么在采购计划中可能会优先考虑该领域的专业书籍和期刊资源。

预算限制也是制定采购计划时需要考虑的重要因素。图书馆的采购预算通常是有限的，因此需要在满足用户需求的前提下合理分配采购资金，确保资源的有效利用。根据预算限制，图书馆可以确定采购的种类、数量和价格范围，从而制定出符合实际情况的采购计划。

图书馆还应根据自身的定位和服务定位确定优先采购的资源类型和领域。不同图书馆有着不同的定位和服务定位，例如学术图书馆、公共图书馆、专业图书馆等，其采购重点和方向也会有所不同。因此，制定采购计划时需要根据图书馆的定位和服务定位，明确优先采购的资源类型和领域，以更好地满足用户需求和服务定位。

2.灵活性和调整策略

采购计划的灵活性是确保图书馆资源采购工作能够适应不断变化的用户需求和外部环境的重要保证。在制定采购计划时，图书馆应意识到用户需求和环境条件可能会发生变化，因此需要具备一定的灵活性和调整策略。

图书馆应及时关注用户的反馈和需求变化。用户是图书馆服务的中心，他们的需求和反馈能够直接反映图书馆服务的优劣。因此，图书馆应建立健全的用户反馈机制，包括提供意见箱、举办用户座谈会、定期开展用户满意度调查等方式，及时收集用户的意见和建议。基于用户反馈，图书馆可以了解用户对现有资源的使用情况和满意度，发现存在的问题和不足之处，为调整采购计划提供依据。

图书馆应密切关注外部环境的变化。外部环境包括行业发展趋势、政策法规变化、市场竞争状况等方面的因素。这些因素可能会对图书馆的服务需求和资源采购产生影响，因此图书馆需要及时跟踪和分析外部环境的变化趋势，根据实际情况调整采购计划。例如，如果某一领域的研究热点发生变化，图书馆可能需要调整采购重点，增加相关领域的资源采购投入，以满足用户的新需求。

图书馆还应具备应对突发事件和紧急需求的能力。突发事件包括自然灾害、疫情暴发、重大事件等，这些事件可能会对图书馆的资源需求产生影响。图书馆需要具备快速响应的能力，及时调整采购计划，为用户提供及时有效的服务支持。

（三）选择合适的供应商

1.供应商调查和评估

在图书馆选择供应商时，进行供应商调查和评估是至关重要的步骤，这可以帮助图书馆确保选择到与其需求相匹配的合适合作伙伴。供应商调查和评估涉及多个方面，包括以下几个关键因素：

首先，图书馆需要评估供应商的信誉度。供应商的信誉度反映了其在行业内的声誉和信用程度。图书馆可以通过查阅供应商的历史业绩、客户评价、行业认可等方式来评估供应商的信誉度，了解其在市场上的地位和口碑。

其次，服务质量是评估供应商的另一个重要指标。图书馆需要了解供应商提供的服务质量，包括售前咨询、交付服务、售后支持等方面。这可以通过与供应商的沟通交流、实地考察、客户反馈等方式来获取信息，评估供应商在服务方面的表现。

再次，交付能力是选择供应商时需要考虑的重要因素之一。图书馆需要评估供应商的交付能力，包括交付时间、交付方式、库存能力等方面。供应商应能够按时、按量、按质地完成订单，并具备应对突发情况的应急措施。

最后，价格水平也是评估供应商的重要指标之一。图书馆需要考虑供应商的价格水平是否合理，是否符合图书馆的预算限制和采购成本要求。在评估价格水平时，图书馆应该综合考虑价格与服务质量、交付能力等因素的关系，确保选择到性价比合适的供应商。

2. 谈判和合作协议

在与供应商进行谈判时，图书馆需要就多个具体事项展开讨论，以达成合作协议并确保采购过程的顺利进行。首先，谈判的重点之一是价格议定。图书馆需要与供应商就资源的价格进行谈判，确保价格合理、符合预算，并在双方都能接受的范围内达成一致。除了价格，交付时间也是谈判的重要内容之一。图书馆和供应商需要就资源的交付时间达成共识，确保资源能够按时交付，以满足图书馆的需求。

在谈判过程中，服务保障也是需要考虑的重要因素。图书馆需要与供应商协商服务保障的具体内容，如售后服务、技术支持等，以确保在采购后的使用过程中能够得到及时地支持和帮助。除了价格、交付时间和服务保障外，合作协议还需要明确双方的权利和义务。协议应明确资源的交付方式、支付方式、违约责任等具体条款，以及双方在合作期间的权利和义务，确保合作过程的合规性和可控性。

在谈判过程中，图书馆需要保持沟通畅通，积极表达自己的需求和要求，同时也要考虑供应商的意见和建议，寻求双方的共识，最终达成合作协议，确保采购过程的顺利进行。

（四）内容质量评估

1. 评估方法和标准

评估采购的资源内容质量是确保所采购资源符合要求和具有良好品质的关键步骤。为了有效地进行评估，图书馆可以采用多种方法和标准。

首先，样本阅读是一种常用的评估方法之一。通过对资源的部分内容进行阅读，可以初步了解其质量和内容是否符合预期。这种方法适用于实体资源，如图书、期刊等，也可以在一定程度上反映数字资源的内容质量。

其次，专家评审是评估资源内容质量的重要手段之一。图书馆可以邀请相关领域的专家对资源进行评审，评估其内容的准确性、权威性、学术价值等方面。专家评审可以提供客观、权威的评价，为资源的采购和使用提供重要参考。

最后，用户反馈也是评估资源质量的重要依据之一。通过收集用户的使用体验和反馈意见，图书馆可以了解用户对资源的评价和需求，发现资源存在的问题和不足之处，及时进行改进和优化。评估标准应根据资源的类型和用途确定。例如，对于学术期刊和专业书籍，评估标准可以包括内容的学术水平、研究深度、论证逻辑等；对于数字资源，评估标准可以包括技术性能、数据准确性、版权合规性等。图书馆还可以根据自身的需求和使用情况，制定适合的评估标准，确保评估的全面性和有效性。

2.评估结果和调整策略

评估采购的资源质量后，图书馆需要根据评估结果采取相应的调整策略，以确保采购的资源能够满足用户的需求和期待。

针对评估结果中发现的问题，图书馆应对资源的质量进行全面的评价和分析。确定问题的具体性质和原因，包括内容的准确性、权威性、适用性等方面。这将有助于明确改进的方向和重点，为采取有效的调整策略提供依据。

图书馆应与供应商进行沟通和协商，就评估结果中发现的问题提出改进要求。根据合同约定和双方的权利和义务，要求供应商改进或更换资源，以确保资源符合预期质量标准。在与供应商的沟通中，应明确问题的具体描述、期望的改进方案以及达成改进目标的时间表，确保双方达成一致并能够共同努力解决问题。

图书馆还可以考虑调整采购策略，以适应评估结果的变化和用户需求的变化。根据评估结果和用户反馈，调整采购计划和采购优先级，重新制定资源采购目标和方向。这包括重新评估用户需求、重新确定资源类型和数量、重新制定采购预算和时间表等方面，以确保采购策略的灵活性和针对性。

图书馆应建立反馈机制，定期监测和评估采购资源的质量和效果，及时发现和解决问题，持续改进采购工作。通过不断优化采购流程和策略，提高资源的质量和服务水平，满足用户的信息需求和阅读需求，促进图书馆事业的持续发展。

（五）明确双方权利和义务

在与供应商签订采购合同时，明确双方的权利和义务至关重要。采购合同是图书馆与供应商之间的正式约定，其中应包含详细的条款，以确保采购过程的合规性和可控性。首先，合同应明确资源的交付时间，即供应商应在何时将所采购的资源交付给图书馆。这一条款的明确定义有助于图书馆规划采购流程和服务提供时间表。其次，合同应规定资源的交付方式，包括交付地点、交付方式等具体细节。这有助于确保资源能够安全地送达图书馆，并减少可能出现的物流问题。价格也是合同中必须明确的内容之一，即图书馆应支付的费用，以及支付的时间和方式。这有助于双方在财务上达成一致，避免后续的纠纷和争议。此外，合同还应包括支付方式的细则，例如付款周期、付款方式等，以确保支付过程的顺利进行。最后，合同应涵盖售后服务条款，即供应商在交付后提供的服务范围和时间。这包括对资源的维护、修复、更新等服务内容，以保障图书馆后续的使用体验和资源质量。

（六）按计划执行采购

执行采购工作是图书馆管理中至关重要的一环，其顺利进行直接关系到图书馆资源的获取和更新。在执行采购时，首先需要根据制定的采购计划和签订的合同要求进行操作。这包括确认订单的内容和数量，确保与供应商的沟通达成一致，以避免订单内容出现偏差或不符合预期的情况。随后，跟踪资源的交付进度也是不可或缺的一步，通过与供应商的密切联系和持续监控，及时了解资源的交付情况，确保资源能够按时到达图书馆，不会因为交付延误而影响到后续的工作进程。在执行过程中，及时沟通解决可能出现的问题也是至关重要的。这可能涉及资源的缺货或交付延误等突发情况，图书馆需要与供应商积极沟通，寻求解决方案，以确保采购工作不受影响。最终，图书馆需要确保采购的资源能够达到预期效果，符合质量要求和使用期望。通过以上步骤的有序执行，图书馆可以保障采购工作的顺利进行，有效地获取和更新所需资源，为用户提供更加优质的服务和体验。

二、资源订购的管理与跟踪

资源订购的管理与跟踪是图书馆管理中至关重要的环节，涉及资源采购的全过程，需要严格管理和有效跟踪。

（一）订购管理

图书馆资源订购管理是图书馆管理中至关重要的环节，它涉及图书馆获取新资源、更新馆藏以及满足用户信息需求的过程。以下是订购管理的具体内容：

1.订购流程设计

（1）流程规划与制定

针对图书馆的具体情况，制定订购流程，包括订购单的填写、审批和发送等环节。流程应明确责任人、流转路径和时间节点，以确保订购流程的顺畅进行。

（2）流程优化与改进

定期评估订购流程的效率和适用性，根据实际情况进行优化和改进。例如，可以采用信息化手段简化流程、加快审批速度，提高订购效率。

2.订购单填写

（1）资源信息采集

图书馆工作人员根据采购计划和用户需求，收集所需资源的相关信息，包括资源名称、作者、出版社、规格、数量、价格等。

（2）订购单准备

在订购流程规定的环节，工作人员填写订购单。订购单应包括充分的资源信息，确保订购信息的准确性和完整性。

3. 订购审批

（1）内部审批程序

订购单提交后，需要经过图书馆内部的审批程序。通常包括主管领导或相关部门的审批，以确保订购行为的合规性和合理性。

（2）审批流程监控

监控审批流程的进度和结果，及时发现和解决审批中可能出现的问题，确保审批流程的顺利进行。

4. 订购发送

（1）订购单发送

经过内部审批的订购单将被发送给供应商，确认订购信息并开始采购流程。在发送订购单时，要确保信息的准确传达和及时反馈。

（2）交流与沟通

与供应商建立良好的沟通渠道，及时沟通订购信息和需求，确保供应商能够及时处理和安排采购事务。

（二）订购跟踪

订购跟踪是图书馆资源管理中的重要环节，它确保了订购流程的顺利进行并监控资源的交付情况。以下是订购跟踪的具体内容：

1. 交付进度监控

（1）供应商沟通

建立与供应商的有效沟通渠道，定期了解资源的生产制作情况、交付时间等具体进度。通过电话、电子邮件等方式及时获取最新信息。

（2）信息查询

主动查询供应商提供的交付进度信息，了解资源的生产制作情况和预计交付时间。通过供应商的官方网站、在线平台等途径获取相关信息。

2. 问题处理与解决

（1）问题发现

及时发现订购过程中可能出现的问题，如交付延迟、质量问题等。建立问题反馈机制，鼓励用户和图书馆工作人员及时报告问题。

（2）沟通协调

与供应商进行沟通协调，详细了解问题原因，并共同寻找解决方案。建立供应商与图书馆之间的良好合作关系，促进问题的迅速解决。

（3）问题解决

确保问题能够得到及时解决，通过协商、调整交付时间、调整订购数量等方式解决问题，以确保资源能够按时交付并符合要求。

3.资源接收与确认

（1）验收程序

制定资源验收程序，确保资源的完整性和质量符合要求。对实体资源进行实地检查，对数字资源进行系统测试和验证，确保资源能够正常使用。

（2）系统记录更新

及时更新系统记录，将已接收的资源信息录入系统，包括订购日期、数量、价格等信息。确保系统数据的准确性和完整性，为后续的资源管理工作提供支持。

4.订购数据管理

（1）数据记录

建立完善的订购数据管理体系，及时记录和更新订购数据。包括订购日期、数量、价格、供应商信息等内容，以便对订购情况进行统计分析和评估。

（2）数据分析

对订购数据进行统计分析，评估订购效果和资源利用情况。根据数据分析结果，及时调整订购策略和优化管理流程，提高订购效率和资源利用率。

第二节　资源分类与编目

一、资源分类与编目的原则和方法

资源分类与编目是图书馆管理中至关重要的环节，它们为读者提供了准确、高效的信息检索服务。以下是资源分类与编目的原则和方法：

（一）分类原则

1.主题分类

主题分类是根据资源的主题内容进行分类，将相似主题的资源归为同一类别。这种分类原则便于读者根据主题特点进行检索，快速找到所需信息。主题分类适用于各种类型的资源，包括图书、期刊、报纸、音像资料等。图书馆可以根据具体的主题领域划分不同的分类类别，如文学、历史、科学、艺术等，使读者能够更方便地定位和获取所需资源。

2. 形式分类

形式分类是根据资源的形式特点进行分类，将同类型式的资源进行归类管理。形式分类通常包括图书、期刊、报纸、音像资料等不同形式的资源类别。这种分类原则便于图书馆对不同形式资源的管理和服务。例如，图书馆可以根据图书的装订形式、期刊的出版周期、音像资料的介质类型等将资源进行分类，以便更好地进行管理和利用。

3. 学科分类

学科分类是根据资源所属学科领域进行分类，将相同学科范畴的资源划分到同一类别中。这种分类原则便于读者在特定学科领域内进行深入地检索和阅读。学科分类通常以学科体系或学科分类法为依据，将资源按照学科的知识体系进行组织和管理。例如，图书馆可以根据《中国图书馆分类法》或国际通用的学科分类体系将资源划分为文学、历史、数学、物理、化学等学科类别，以满足读者在不同学科领域的信息需求。

4. 按用途分类

按用途分类是根据资源的使用目的和功能进行分类，将具有相似使用用途的资源归为一类。这种分类原则便于读者根据具体需求选择适合的资源类型。按用途分类通常包括参考工具书、教科书、研究论文、科普读物等不同用途的资源类别。图书馆可以根据读者的需求和服务定位，将资源按照其在读者学习、研究、娱乐等方面的用途进行分类，以便读者更加方便地获取到所需资源。

（二）编目方法

1. 采用专业规则

图书馆在资源编目工作中采用专业的编目规则和标准，如《中国图书馆分类法》《美国图书馆协会编目规则》等。这些规则和标准提供了编目工作的统一标准格式、术语和规范，有助于确保编目工作的准确性、一致性和规范性。通过遵循这些规则，图书馆可以更好地组织和管理资源，使读者能够便捷地获取所需信息。

2. 标准化编目

图书馆对资源进行标准化的编目处理，包括标注题名、责任者、出版信息、主题词、分类号等重要信息。标准化的编目工作使得读者能够通过统一的检索方式找到所需资源，并且可以方便地对资源进行分类和归档。这种方法有助于提高

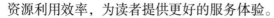

资源利用效率，为读者提供更好的服务体验。

3. 采用工具

图书馆可以利用自动化编目系统等工具辅助进行编目工作，以提高编目效率和质量。自动化编目系统可以根据预设的规则和标准对资源进行快速、准确的编目处理，大大节省了人力成本和时间成本。通过采用自动化技术，图书馆可以更好地应对大规模资源的编目工作，并且保证编目的一致性和准确性。

4. 持续更新

图书馆需要对已编目的资源进行持续更新和修订，以确保编目信息与实际情况保持一致。随着资源的增加和更新，图书馆需要及时更新编目数据，包括增加新资源的编目记录、修改已有资源的编目信息等。持续更新的编目工作有助于保持资源数据库的完整性和准确性，为读者提供及时、全面的信息服务。

二、分类编目系统的建设与管理

（一）系统建设

分类编目系统的建立是图书馆资源管理的重要组成部分，需要以下方面的考虑和实施：

1. 分类标准制定

图书馆在建立分类编目系统时，首先需要制定适合自身情况和需求的分类标准。这些标准应该能够科学合理地组织图书馆的资源，方便读者查找和利用信息。分类标准的制定需要综合考虑资源的性质、内容特点以及读者的需求。例如，图书馆可以采用通用的分类体系，如《中国图书馆分类法》或《美国国会图书馆分类法》，也可以根据自身特点制定专门的分类标准，如针对特定学科或主题领域的分类体系。

2. 编目规则确定

确定编目规则是分类编目系统建设的关键步骤。编目规则涵盖了资源的描述要素、标准格式以及录入要求等方面。图书馆可以选择采用国际通用的编目规则，如 AACR2（Anglo-American Cataloguing Rules） 或 RDA（Resource Description and Access），也可以根据实际情况制定自己的编目规则。编目规则应能够确保编目工作的一致性和准确性，使得读者能够通过统一的检索方式找到所需资源。

3. 编目软件选择

选择适合自身需求的编目软件对于建立分类编目系统至关重要。编目软件应具备良好的用户界面、灵活的功能模块以及稳定可靠的性能。图书馆可以根据自

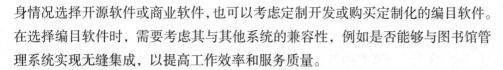

身情况选择开源软件或商业软件，也可以考虑定制开发或购买定制化的编目软件。在选择编目软件时，需要考虑其与其他系统的兼容性，例如是否能够与图书馆管理系统实现无缝集成，以提高工作效率和服务质量。

（二）系统管理

系统管理是图书馆分类编目系统运行的重要环节，它涉及系统的维护、培训、监控、备份等方面。以下是系统管理的具体内容：

1. 定期维护与更新

（1）软件升级

定期对分类编目系统的软件进行升级，安装最新版本的软件，以修复已知的漏洞和提高系统的性能。

（2）数据更新

定期更新系统中的数据，包括主题词表、分类号表、标准编目数据等，保持系统数据的及时性和准确性。

（3）规则修订

对编目规则和操作流程进行定期审查和修订，确保其与国家标准和实际工作需求相符合。

2. 系统培训与管理

（1）培训计划

制定系统培训计划，包括新员工培训和定期培训计划，确保所有工作人员掌握系统操作技能和编目规范。

（2）培训内容

培训内容包括系统的基本功能、操作流程、编目规则等，通过理论学习和实际操作相结合的方式进行培训。

（3）培训评估

对培训效果进行评估，及时发现和解决培训中存在的问题，确保培训工作的质量和效果。

3. 性能监控与优化

（1）监控系统运行状态

定期对系统的性能进行监控，包括系统响应时间、资源利用率、错误日志等，及时发现系统存在的问题。

（2）优化系统配置

根据监控结果，优化系统的配置和参数设置，提高系统的性能和稳定性，保证系统的正常运行。

（3）解决问题和瓶颈

及时处理系统存在的问题和瓶颈，通过技术手段和管理措施解决系统运行中的各类故障和异常。

4. 数据备份与安全

（1）定期备份数据

对系统的数据进行定期备份，包括编目数据、用户数据、系统配置等，确保数据的安全性和完整性。

（2）安全策略

建立健全的安全策略和权限管理机制，对系统进行安全防护，防止未经授权的访问和恶意攻击。

（3）应急预案

制定系统数据丢失或损坏的应急预案，包括数据恢复和紧急备份措施，确保系统数据能够及时恢复和恢复正常运行。

第三节　资源存储与保护

一、资源存储设施的建设与维护

资源存储设施的建设与维护是现代图书馆管理中至关重要的环节，它直接关系到馆藏资源的安全、保护和长期利用。在图书馆的日常运营中，建设合适的存储设施并进行有效的维护至关重要，它可以确保馆藏资源的完整性和可持续性。

（一）设施建设

设施建设是图书馆管理中至关重要的一环，直接影响到图书馆的服务质量和读者体验。

1. 图书库的建设与环境控制

图书库作为图书馆的核心设施之一，其建设需要充分考虑以下几个方面：

（1）空间规划与设计

图书库的空间规划应该根据馆藏规模和未来发展需求合理确定，确保能够容纳足够数量的书籍并预留扩展空间。在设计方面，应充分考虑书架布局、通道宽度、防火隔离等因素，以最大化利用空间并确保书籍的安全存放。

（2）环境控制

为了保护馆藏书籍的质量，图书库需要实施严格的环境控制措施。这包括控制温度和湿度，控制光照和紫外线，防止书籍受潮、发霉、褪色等情况的发生。此外，还需要安装火灾报警系统、自动灭火系统等安全设施，以应对突发事件。

2.文献库的设计与特点

文献库是存放期刊、报纸、手稿等各类文献资料的设施，其设计与特点如下：

（1）空间规划与功能区划

根据不同类型文献资料的特点，文献库应该进行合理的功能区划，如期刊区、报纸区、手稿区等，以方便读者查阅和使用。在空间规划上，应充分考虑开架式存放、阅览区布局等因素，以提高读者的使用便利性和舒适度。

（2）安全保护措施

对于珍贵文献资料，如手稿、古籍等，文献库需要采取特殊的安全保护措施，如气密柜、防火设施、防盗措施等，确保这些文献资料的安全存放和保护。

3.数字化资源库的构建与管理

数字化资源库是现代图书馆不可或缺的重要设施，其建设与管理需要注意以下几个方面：

（1）网络接入和数据存储

建设数字化资源库需要保证网络接入畅通和数据存储安全可靠。应选择高速稳定的网络接入系统，并建立多层次的数据存储体系，包括本地存储和远程备份，以确保数字资源的安全性和可靠性。

（2）安全管理措施

为了防止数字资源被非法获取或篡改，数字化资源库需要实施严格的安全管理措施，包括访问控制、数据加密、防火墙等。此外，还需要定期进行安全漏洞扫描和风险评估，及时发现和解决潜在的安全隐患。

（3）用户服务和体验

数字化资源库的建设不仅需要考虑技术方面的因素，还需要重视用户服务和体验。应提供友好的用户界面和高效的检索功能，以满足用户对数字资源的多样化需求，并提供定制化的服务和个性化推荐，提升用户的满意度和体验感。

（二）设施维护

设施维护在图书馆管理中具有重要的地位，它不仅关系到设施的正常运行，还直接影响到读者的体验和图书馆的形象。

1. 定期维护与检查

（1）定期维护工作

图书馆应该制定定期的维护计划，对各类设施进行定期的清洁、修缮和保养工作。这些工作包括对建筑结构、设备设施、照明系统、通风设备等进行检查和维护，确保其处于良好的工作状态，延长设施的使用寿命。

（2）设备检查与维修

图书馆需要建立设备检查和维修制度，对设备设施进行定期的检查和维修。这包括检查设备的运行状况、检修设备的损坏情况，并及时进行维修和更换，以保证设备的正常运行和安全使用。

（3）定期检查工作

图书馆应该建立定期的检查制度，对各类设施进行定期检查，及时发现设施存在的问题和隐患。检查内容包括建筑结构的安全性、设备设施的运行情况、消防安全等方面，确保设施的安全和稳定运行。

2. 建立健全的管理制度

（1）设施使用规定

图书馆应该建立健全的设施使用规定，明确设施的使用范围、使用时间、使用条件等，以防止设施被滥用或损坏。设施使用规定应该向读者和工作人员进行宣传和教育，增强他们的管理意识和责任感。

（2）安全操作规程

图书馆需要建立安全操作规程，规范设施的使用和管理行为，防止因操作不当导致的设施损坏和安全事故发生。安全操作规程应包括设施的正常使用方法、紧急情况的处理程序、设施维护的注意事项等内容。

（3）培训和教育活动

图书馆可以通过培训和教育活动，提高工作人员对设施管理的认识和能力。培训内容包括设施维护的基本知识、安全操作规程的学习、设施管理技能的提升等，以提高工作人员的维护和管理水平，确保设施的有效运行和长期维护。

二、资源保护的技术和措施

（一）数字化技术

数字化技术在现代图书馆中扮演着关键角色，其应用范围涵盖了数字化资源的加密、备份以及权限管理等方面，以确保数字化资源的安全性、可靠性和可持续性。

1. 加密技术

加密技术是数字化资源保护中的重要手段，其主要目的是保障数字化资源的机密性和完整性。在图书馆的数字化环境中，加密技术可应用于以下方面：

（1）对称加密和非对称加密

图书馆可以采用对称加密算法（如 AES）或非对称加密算法（如 RSA）对数字化文献、电子资源等进行加密处理。对称加密使用同一密钥进行加密和解密，适用于大批量数据的加密；而非对称加密使用公钥和私钥进行加密和解密，更适用于密钥交换和数字签名等场景。

（2）数字签名

数字签名是一种用于验证数字文档真实性和完整性的加密技术。图书馆可以使用数字签名对数字化资源进行签名，以确保资源的来源可信、未被篡改。

2. 备份机制

建立健全的数字资源备份机制对于保障数字化资源的长期保存和安全性至关重要。在图书馆的数字化环境中，备份机制应包括以下方面：

（1）定期备份

图书馆需要定期对数字化资源进行备份，确保资源数据能够及时、完整地进行备份。备份频率应根据资源的重要性和更新频率进行调整，以确保备份数据的及时性和有效性。

（2）多地备份

备份数据应分布在不同的地理位置或服务器上，以防止因灾害、硬件故障等导致的数据丢失或损坏。多地备份可以提高备份数据的安全性和可靠性，确保资源数据的安全性和可持续性。

3. 权限管理系统

权限管理系统是保障数字化资源安全性和版权利益的重要手段，其主要功能是对用户访问行为进行精细化控制和管理。在图书馆的数字化环境中，权限管理系统应具备以下特点：

（1）访问控制

权限管理系统可以根据用户的身份、角色和权限对数字化资源的访问行为进行精确控制。通过权限管理系统，图书馆可以设置不同用户群体的访问权限，包括浏览、下载、打印等权限。

（2）访问日志和审计

权限管理系统可以记录和审计用户的访问行为，包括访问时间、访问内容等

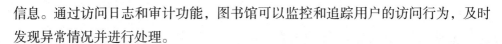

信息。通过访问日志和审计功能，图书馆可以监控和追踪用户的访问行为，及时发现异常情况并进行处理。

（二）防火防水

防火防水是图书馆保护纸质文献和实物资源免受火灾和水灾侵害的关键措施，为确保资源的安全性和可持续性，图书馆应该采取以下措施：

1. 防火措施

（1）建立健全的防火系统

图书馆应建立火灾报警系统，并配备灭火设备如灭火器、消防栓等。火灾报警系统应覆盖图书馆内的各个区域，确保火灾发生时能及时发出警报，以便采取紧急救援措施。

（2）分类、分区存放

将馆内纸质文献和实物资源按照不同的分类和重要程度进行分区存放，以便在火灾发生时能够有序地进行救援和保护。重要的文献资料可以存放在防火柜或防火门内，提高其抗火能力。

（3）建筑设施防火设计

在图书馆建筑设计中应考虑防火因素，采取防火材料和结构设计，以最大限度地减少火灾发生的可能性。建筑内部应设置防火隔墙、防火门等设施，将火灾蔓延的速度降至最低。

2. 防水措施

（1）建立防水系统

图书馆应建立完善的防水系统，包括防水墙、排水系统等，以应对可能发生的水灾情况。防水系统应涵盖建筑的各个部分，特别是地下室和地下仓库等易受水灾影响的区域。

（2）定期检查和维护

图书馆应定期检查和维护建筑结构，确保建筑物的密封性和耐水性。定期检查包括检查屋顶、墙体、排水系统等，发现问题及时修复，以预防水灾的发生。

（3）备份和保护重要资料

图书馆应建立数字化备份系统，将重要的纸质文献和实物资源进行数字化存储，以防止因水灾造成的资料损失。同时，可以将重要资料存放在防水柜或高架储物架上，提高其抗水性。

（三）环境控制

环境控制是图书馆资源保护的重要措施，其目的在于维持存储环境的稳定性，以防止资源受到环境因素的损害。主要包括温湿度控制和空气质量控制两个方面。

1. 温湿度控制

温湿度是影响图书馆资源保存的关键因素之一。不同类型的馆藏资源对温湿度的要求各不相同，因此，图书馆应制定相应的温湿度控制标准，并采取以下措施：

（1）温度控制

图书馆应保持室内温度在适宜的范围内，一般建议控制在 18 至 24 摄氏度之间。过高或过低的温度都会对纸质文献和特殊文献资料造成损害，例如导致纸张变脆或塑料资料老化变质。

（2）湿度控制

合适的湿度可以防止纸张过度干燥或过度潮湿。一般来说，湿度控制在相对湿度 40% 至 60% 之间较为理想。过高的湿度会导致纸张发霉，而过低的湿度则会使纸张变脆易折断。

2. 空气质量控制

除了温湿度外，空气质量也是影响馆藏资源保存的重要因素。为了维护良好的空气质量，图书馆可以采取以下措施：

（1）通风措施

图书馆应定期进行通风，保持室内空气的流通，并及时排除污染物。良好的通风可以有效降低室内空气中有害气体的浓度，减少对资源的损害。

（2）控制有害气体

图书馆应避免在室内使用或存放会产生有害气体的物质，如化学品、挥发性有机物等。有害气体会对纸质文献和特殊文献资料产生腐蚀或变色等影响。

第四节　资源更新与维护

一、资源更新的机制和周期

（一）定期更新

1. 资源更新计划的制定

图书馆应当根据其发展需求和用户的实际需求，制定资源更新计划。这一计划应该涵盖以下内容：

（1）全面评估

图书馆应当进行全面评估，以确定哪些资源需要进行更新或补充。评估的内容包括以下几点。

1）馆藏资源调查。馆藏资源调查是指对图书馆的馆藏资源进行全面调查和审查，了解当前馆藏的实际情况，包括数量、种类、使用率等。

2）用户需求调研。进行用户需求调研，了解读者的实际需求和偏好，以确定更新的重点和方向。

3）资源评价和分析。资源评价和分析是指对已有的资源进行评价和分析，包括资源的使用情况、更新需求等，以确定更新的优先级和内容。

通过全面评估，图书馆可以明确需要更新的资源范围和具体情况，为后续的更新工作提供指导和依据。

（2）更新频率和周期

确定资源更新的频率和周期是资源更新计划的重要组成部分。具体步骤包括以下几点。

1）更新频率的确定。更新频率的确定是指根据图书馆的发展需求和用户的实际需求，确定资源更新的频率。可以根据资源的特性和使用情况，确定每年、每学期或每季度进行一次更新等频率。

2）更新周期的规划。更新周期的规划是指制定资源更新的周期，即具体的更新时间表和工作安排。例如，确定每次更新的具体时间点和持续时间，以确保更新工作的有序进行。

通过确定更新频率和周期，图书馆可以确保资源更新工作的连续性和持续性，及时满足读者的需求。

（3）更新内容

确定更新的内容范围是资源更新计划的关键步骤。具体包括以下几点。

1）更新范围的确定。确定更新的内容范围，包括图书、期刊、电子数据库等各类资源。可以根据全面评估的结果和用户需求，确定更新的重点和优先级。

2）更新方式和渠道。确定更新的方式和渠道，包括图书采购、期刊订购、数据库订阅等方式，以及与出版商、供应商的合作方式。

通过确定更新内容的范围和方式，图书馆可以有针对性地进行资源更新，满足读者的不断增长的需求。

2.定期更新流程

一旦资源更新计划确定，图书馆应建立起相应的更新流程，确保更新工作的有序进行。具体步骤包括：

（1）确定责任人员

为了保证资源更新工作的顺利进行，图书馆需要明确责任人员，确保每个环节都有专人负责。具体包括：

1）馆藏发展部门负责人。负责整体资源更新计划的制定和执行，协调各部门之间的合作，监督更新工作的进展。

2）采编部门工作人员。负责根据更新计划进行图书采购、期刊订购等工作，与供应商联系并完成相关手续。

3）技术部门人员。负责电子数据库的采购和订阅工作，管理数字化资源的更新和维护，确保数字资源的正常使用。

（2）制定更新时间表

制定具体的更新时间表是保证更新工作顺利进行的关键。在制定更新时间表时，需要考虑到资源更新的频率和周期，以及各个环节的工作量和时间安排。例如：

1）确定更新周期。根据资源更新计划确定更新的频率和周期，例如每年、每学期或每季度进行一次更新。

2）明确时间节点。确定每次更新的具体时间点，以及各个环节的工作内容和时间安排，例如采购、订购、入藏等。

（3）更新内容和方式

在确定更新内容和方式时，需要根据资源更新计划的要求和实际情况进行具体安排。具体包括：

1）采购图书。根据读者需求和图书馆的发展方向，确定需要采购的图书种类和数量，与供应商进行联系和洽谈，完成采购手续。

2）订购期刊。根据学科需求和订购预算，确定需要订购的期刊名称和期数，与出版商签订订购协议，确保期刊资源的及时更新。

3)购买电子数据库。根据学科需求和馆藏建设方向,选择合适的电子数据库,并与供应商签订订购协议,确保数字化资源的更新和维护。

3.更新内容的筛选与采购

在资源更新过程中，图书馆需要根据用户需求和馆藏发展方向，对更新内容进行筛选和采购。具体步骤包括：

（1）用户需求调研

用户需求调研是更新内容筛选的基础,通过调研了解读者的实际需求和兴趣,为后续的筛选工作提供依据。调研方法可以包括问卷调查、访谈、观察等，以全面了解读者的阅读偏好、研究方向和需求特点。

（2）资源筛选

基于用户需求调研结果和图书馆的发展定位，对更新内容进行筛选。这包括以下几个方面：

1）核心资源优先。确保优先采购与图书馆核心学科和研究方向相关的资源，以满足学术研究和教学需要。

2）热门主题关注。关注当前热门学科和话题，根据读者的需求和兴趣，选择相关资源进行更新，以保持馆藏的时效性和吸引力。

3）多样化采购。考虑到读者群体的多样性，采购内容应具有多样性和广泛性，覆盖不同学科领域和读者群体的需求。

（3）采购方式

根据筛选结果，选择合适的采购方式进行资源获取。主要的采购方式包括：

1）图书采购。通过图书批发商或出版社直接采购图书，确保图书馆的藏书数量和质量。

2）期刊订购。订购相关期刊刊目，以获取最新的学术研究成果和信息资讯。

3）电子数据库购买。购买包括学术期刊、论文数据库等电子资源，以满足数字化信息资源的需求。

（二）实时更新

1.针对数字化资源的实时更新

针对数字化资源，图书馆可以采用实时更新的方式，以保持资源的时效性和权威性。具体措施包括：

（1）建立定期检查和更新机制

为了实现数字化资源的实时更新，图书馆应该建立定期检查和更新的机制。这可以通过设立专门的团队或机构来实现。具体措施包括：

1）设立检查频率。确定更新的频率，可以是每日、每周或每月等，根据资源的特点和图书馆的需求进行调整。

2）建立更新流程。制定详细的更新流程，包括检查的内容、检查的标准、更新的方式等，确保更新工作的有序进行。

3）指定责任人员。确定负责实施更新工作的责任人员，明确其职责和任务，以保证更新工作的落实。

（2）持续监测和反映最新信息

持续监测和反映最新的信息和研究成果是实现数字化资源实时更新的关键。具体措施包括：

1）监测学术期刊。定期关注学术期刊的最新发表文章，及时将新的研究成果纳入数字化资源中。

2）追踪新闻资讯。关注新闻资讯的最新动态，及时更新与当前热点事件相关的数字化资源，以满足用户的信息需求。

3）定期检查数据库。定期检查数据库的更新情况，获取最新的数据和资料，保证数字化资源的权威性和可靠性。

（3）更新数字图书馆内容

将最新的电子书籍、期刊文章、学术论文等内容更新到数字图书馆中是实现实时更新的重要手段。具体措施包括：

1）与出版社和数据库提供商合作。与出版社和数据库提供商建立合作关系，获取最新的资源内容，并及时更新到图书馆系统中。

2）定期审核和更新。定期对数字图书馆的内容进行审核和更新，确保数字化资源的时效性和权威性，满足用户的需求。

2. 实时更新流程的建立

为了实现实时更新，图书馆需要建立起相应的更新流程，以确保更新工作的顺利进行。具体步骤包括：

（1）确定责任人员或团队

在图书馆内部确定负责实时更新工作的责任人员或团队是建立更新流程的首要步骤。这些责任人员或团队应具备以下特点：

1）专业性。负责人员或团队成员应具备相关的专业知识和技能，能够准确、及时地进行资源的监测和更新工作。

2）责任心。负责人员或团队成员应具有高度的责任心和工作积极性，能够按时、按质完成更新任务。

3）协作性。负责人员或团队成员之间应具有良好的协作能力，能够有效地配合完成更新工作，确保更新流程的顺利进行。

（2）建立更新内容的收集、审核和发布机制

建立更新内容的收集、审核和发布机制是实现实时更新的关键环节。具体措施包括：

1）收集渠道的建立。设立多样化的信息收集渠道，包括订阅学术期刊、关

注学术网站、参与学术会议等，以获取最新的研究成果和学术资讯。

2）审核和筛选机制。对收集到的信息进行审核和筛选，确保信息的真实性、准确性和权威性，避免错误信息的发布。

3）发布流程的建立。设立发布流程，明确发布信息的方式和时间，以及负责发布的人员或团队，确保信息能够及时、准确地发布到数字化资源平台上。

（3）制定更新频率和周期的规定

确定更新的频率和周期是实现实时更新的重要步骤。具体措施包括：

1）确定更新频率。根据资源的特点和图书馆的需求，确定更新的频率，可以是每日、每周或每月更新一次，以确保更新工作及时进行。

2）制定更新周期。设立更新周期，明确每次更新的周期和时长，如每次更新持续几个小时或几天，以保证更新工作的有序进行。

3）制定时间表和工作安排。制定更新的具体时间表和工作安排，明确每个环节的工作内容和时间节点，确保更新工作按计划进行，避免延误和混乱。

二、资源维护的质量与效率

（一）维护质量

为了确保馆藏资源的长期保存和可持续利用，图书馆需要进行定期的维护和修复工作，以保障资源的完整性和可用性。以下是维护质量的具体措施：

1. 定期维护与修复工作

图书馆应该建立定期维护与修复工作的机制，包括纸质文献和数字化资源在内。具体措施如下：

（1）纸质文献

对于纸质文献，定期进行翻修、清洁、修补等工作是必要的。这包括修复书籍的破损处、更换损坏的装订和清除书页上的污渍等。同时，需要注意使用环境的控制，避免湿度、温度等因素对纸质文献的影响。

（2）数字化资源

对于数字化资源，定期进行数据校验、格式更新等工作是关键的。这包括检查数字化文件的完整性、清理冗余数据、更新文件格式等。通过定期的维护工作，可以确保数字化资源的稳定性和可访问性。

2. 保障资源的完整性

在进行维护工作时，图书馆需要特别关注资源的完整性，包括物理完整性和内容完整性。具体措施如下：

（1）物理完整性

对于纸质文献，需要定期检查书籍的装订情况，修复破损的书脊和页边，以及清除书页上的污渍和污垢。同时，需要对存放环境进行监测和调控，确保纸质文献不受潮湿、虫蛀等因素的影响。

（2）内容完整性

对于数字化资源，需要进行数据校验和备份工作，以确保数字化文件的完整性和可靠性。这包括检查文件的冗余和错误，并及时进行修复和更新。同时，建立完善的数据备份机制，以防止数据丢失或损坏。

（二）维护效率

为了提高图书馆资源的维护效率，可以采取以下措施：

1.优化维护流程

为了提高图书馆资源的维护效率，优化维护流程是至关重要的。下面是一些具体的措施，可用于简化操作步骤、减少冗余环节、提高工作效率：

（1）审视和分析流程

对维护流程进行全面审视和分析是优化的第一步。包括以下几点。

1）问题识别。仔细审视当前的维护流程，识别存在的问题和瓶颈。可能的问题包括操作步骤烦琐、沟通不畅、流程不透明等。

2）分析原因。深入分析问题的根源，确定导致流程低效的具体原因。这可能涉及流程设计不合理、技术设备陈旧、人力资源配置不当等方面。

3）改进机会。寻找改进的机会和可能的解决方案。这可以通过与相关人员和团队的讨论、流程重组或技术更新等方式来实现。

（2）引入自动化设备和工具

引入自动化设备和工具是提高维护效率的有效途径。包括以下几点。

1）自动化设备。考虑引入自动扫描仪、数字化图书馆管理系统、智能检测设备等，以减少人工操作和加快处理速度。

2）数字化管理系统。采用数字化图书馆管理系统，可以实现对馆藏资源的自动化管理和监控，提高工作效率和资源利用率。

（3）优化人力资源配置

合理安排工作任务和时间是确保维护人员工作效率的关键。包括以下几点。

1）工作计划和时间表。制定详细的工作计划和时间表，明确每个环节的工作内容和完成时间。这有助于提高维护人员的工作效率，避免时间浪费和任务冲突。

2）人力资源分配。根据工作量和优先级，合理分配人力资源。可以考虑制定轮班制度或调整工作时间，以确保维护人员的连续性和高效率。

2.减少维护成本

为了提高资源维护的经济性和效益，可以采取以下措施：

（1）采购合适的维护设备和材料

选择性价比高的维护设备和材料是降低维护成本的关键。具体措施包括：

1）供应商协商。与供应商协商获取优惠价格，批量采购可降低采购成本。

2）选择合适设备。根据实际需求和预算限制，选择性价比高的维护设备，避免过度投资。

3）材料选择。选择质量可靠、价格适中的维护材料，确保性能和经济性的平衡。

（2）优化维护流程

通过优化维护流程，简化操作步骤，减少资源浪费，可以降低维护成本。具体措施包括：

1）流程再造。对维护流程进行重新设计和优化，去除不必要的环节，提高工作效率。

2）标准化操作。制定标准化的操作规程和流程，减少因个人操作而导致的误差和损耗。

3）资源共享。考虑与其他机构或团体合作，共享维护资源和设备，降低资源闲置成本。

（3）利用现代技术手段

现代技术手段的应用可以提高维护的精准度和效率，从而降低维护成本。具体措施包括：

1）远程监控。利用远程监控技术，实现对设备和资源的实时监测和管理，减少巡检和维护的人力成本。

2）智能识别。使用智能识别技术，对资源进行自动化识别和检测，提高检测效率和准确性，降低人力成本。

3）数据分析。运用数据分析技术，对维护数据进行深入分析，发现潜在问题并采取预防措施，降低事故和故障带来的维护成本。

第五节 资源利用与服务

一、资源利用的统计与评估

（一）利用统计

1.资源利用情况统计分析

图书馆可以通过对资源的利用情况进行统计分析，包括借阅次数、下载量、阅读人次等指标，以全面了解资源的使用情况和受欢迎程度。通过借阅系统、电子资源管理平台等工具，收集和整理资源的利用数据，并进行统计分析。例如，可以统计不同类型资源的借阅情况，了解读者对不同类别资源的需求和偏好；还可以统计不同时间段资源的利用情况，发现资源的使用规律和特点。

2.资源利用行为分析

除了对资源利用情况进行统计外，图书馆还可以对读者的利用行为进行分析，探究其信息需求和行为模式。通过对读者的借阅记录、检索行为等数据进行分析，可以了解读者的兴趣领域、学术需求和阅读习惯，为资源的采购和服务提供指导。例如，可以分析不同用户群体的借阅偏好，根据用户需求调整馆藏资源的配置和更新策略；还可以分析不同时间段和地点的阅读热点，针对性地推出相关主题活动和展览。

（二）利用评估

1.资源利用效果评估

根据资源利用统计结果，图书馆可以进行资源利用效果评估，分析资源的利用情况和效果，评估资源的价值和影响。这包括对资源利用量、利用率、用户满意度等指标进行评估，分析资源的使用效率和服务质量。例如，可以评估不同类型资源的受欢迎程度，了解用户对不同资源的评价和需求满足程度；还可以评估资源利用的时效性和实用性，分析资源的质量和影响因素。

2.决策参考与优化策略

利用评估结果为资源采购和更新提供决策参考，优化资源配置和服务策略。根据评估结果，图书馆可以调整馆藏资源的结构和比例，增加或减少某些类型的资源；还可以优化资源的编目和分类，提高资源的检索和利用效率。此外，评估结果还可以为图书馆制定用户培训和引导策略提供参考，提升用户的信息素养和利用能力，进一步促进资源的有效利用。

二、服务质量的提升与监控

（一）服务质量评估

图书馆作为知识资源的重要承载者和服务提供者，在当代信息社会中扮演着至关重要的角色。为了确保图书馆能够有效满足用户的需求并持续提升服务水平，服务质量评估成为一项不可或缺的工作。服务质量评估旨在全面了解图书馆服务的实际情况，从而发现问题、优化服务，提升用户满意度和体验。

评估图书馆的服务质量可以采用多种方式，其中包括用户满意度调查和服务效率评估。用户满意度调查是一种常用的评估方法，通过问卷调查、面对面访谈等形式，收集用户对图书馆服务的评价和反馈。这种方式能够直接了解用户的需求、期望以及对服务的满意度，为图书馆改进服务提供了重要的参考依据。同时，服务效率评估则主要通过统计数据和实地观察来进行。通过分析借阅次数、咨询服务量、服务响应时间等数据，以及观察服务流程中的各个环节，评估服务过程中的效率和效果。这种评估方式可以客观地反映图书馆服务的实际运行情况，帮助图书馆发现服务中存在的问题和瓶颈，从而进行针对性的改进和提升。

通过定期的服务质量评估，图书馆能够更好地了解用户的需求和期望，发现服务中存在的问题和不足之处。评估结果可以为图书馆制定改进措施提供重要参考，例如调整服务流程、优化服务设施、提升服务人员素质等。通过持续改进和调整，图书馆能够不断提升服务质量，增强用户的满意度和信任度，提高图书馆的影响力和竞争力。

（二）监控机制

1.建立服务质量监控机制

（1）建立监控指标和评价体系

在建立服务质量监控机制时，首先需要确定监控指标和评价体系，明确服务质量的各项标准和要求。这些指标和标准可以涵盖多个方面，如服务态度、服务效率、服务准确性等。例如，可以制定借还书效率、咨询回复时效、图书馆环境整洁度等具体指标，以量化评价服务质量的各个方面。

（2）建立监控系统和平台

建立监控系统和平台是实现对服务过程的实时监控和反馈的关键步骤。这可以通过引入信息技术手段来实现，包括建立监控数据库、开发监控软件等。监控系统应具备数据采集、分析和展示等功能，能够实时监测服务流程和服务质量，及时发现异常情况并进行处理。

（3）建立监控团队或机构

为了有效地执行监控机制，图书馆需要建立专门的监控团队或机构，负责监控服务质量并及时处理相关问题。监控团队可以由具有相关专业知识和经验的人员组成，包括图书馆管理人员、信息技术人员、服务人员等。他们可以定期进行服务质量评估，收集用户反馈和投诉，及时制定改进措施和解决方案，保障服务质量的持续改进。

2.持续改进和优化

（1）根据监控结果进行调整

监控机制的建立不仅是为了发现问题，更重要的是能够及时采取有效措施进行改进和优化。根据监控结果和用户反馈，图书馆应及时调整服务策略和流程，优化服务环节和服务质量，提高用户满意度和体验。例如，根据用户反馈，可以调整服务窗口的布局和设施设置，提高服务效率和便利性；根据服务效率评估结果，可以对服务人员进行培训和技能提升，提高服务水平和质量。

（2）建立持续改进机制

为了实现持续改进，图书馆应建立起持续改进的机制和流程。这包括建立反馈机制和问题处理流程，鼓励用户提供意见和建议，及时解决用户反馈的问题；同时，也需要建立定期评估和检查机制，对服务质量进行定期审查和评估，发现和解决存在的问题，不断优化服务流程和服务质量。

第四章　数字化转型与信息技术应用

第一节　数字化馆藏建设与管理

一、数字特藏的内涵

数字特藏是指图书馆通过自建或者参与建设的具有自身独特风格的数字资源馆藏。这一概念的提出早在 2011 年，但在此后的发展中，尚未形成统一的理解和共识。因此，有必要对数字特藏的内涵和外延进行深入地探讨和阐释。

（一）数字特藏的概念

数字特藏是图书馆中一种具有独特价值和特色的馆藏形式。根据美国研究图书馆协会（ARL）和研究收藏委员会（RCC）的定义，特藏被描述为以多种形式存在的馆藏，包括稀有书籍、手稿、档案等，是国家智力资本的重要组成部分。这些特藏具有珍稀性、独特性和历史性，能够支持教育机构的教学和研究任务，为国家和国际学术提供不可或缺的资源支撑。

特藏与普通馆藏在收、存、管、用等方面实行较为特殊的业务工作方式。在日常管理与服务中，特藏资源通常根据其载体形式被划分为两部分：实体特藏和数字特藏。其中，"数字特藏"以数字化为载体，具有严格版权控制，由纸质特藏的数字化和具有长期保存价值的原生数字资源两部分组成。它是数字时代图书馆发挥保存人类文化和记忆基本职能的重要馆藏对象。

在数字特藏中，"数字"作为表现形式，决定了其具有特殊的建设、存储和使用等管理规范。而"特藏"则突显了其具有长期保存价值的内容信息。数字特藏的建设和管理需要遵循严格的版权规定，以确保资源的合法性和可持续性。同时，数字特藏也需要注重数据的质量和可靠性，以及对技术的不断更新和升级，以应对日益复杂的信息环境和用户需求。

（二）数字特藏的主要类型

1. 实体特藏的数字版本

（1）古籍与民国文献

古籍和民国文献是数字特藏的核心组成部分，其数字化版本具有历史文化研究的重要学术意义。例如，国家图书馆通过中华古籍保护计划，在全国范围内普查、数字化各级各类图书馆的珍贵古籍，其中包括民国文献等。中华古籍资源库作为综合性古籍特藏数字资源发布共享平台，是该计划的重要成果之一，截至 2023 年初已发布古籍及特藏文献影像资源 13 万部（件）。[1]

（2）国家图书馆的引领作用

国家图书馆在数字特藏方面发挥着重要的引领作用，不仅仅是中华古籍保护计划的主要组织者，还指导各地图书馆开展古籍数字化工作。这种领导作用在数字化文献保护与共享方面具有示范意义，推动了古籍文献资源的数字化利用。

2. 数字灰色文献

（1）文献特点与收藏价值

数字灰色文献是数字特藏中一项独具特色的内容，主要包括各类建设方案、宣传资料、产品说明书等非正式出版发行的文献。这些文献信息广泛、内容新颖、种类繁多，具有较高的收藏价值。由于其非公开出版的性质，数字化后的灰色文献在保护和传播方面具有独特意义。

（2）数字灰色文献的特色

数字灰色文献的数量庞大，类型多样，保存价值较高，这使得其成为数字特藏中最具特色的部分之一。这些文献的数字化处理对于保护和传承相关行业的经验和知识、记录历史事件和发展脉络具有重要意义。

3. 多媒体资源

（1）数字化进程与储存挑战

多媒体资源在数字特藏建设中起步较早，随着数码设备的普及，产生了大量机构和个人的数码图片、音频、视频等内容。然而，这些多媒体资源的数字化处理对储存空间有较高要求，图书馆需要针对不同类型的多媒体资源制定合适的储存和管理策略。

（2）广州图书馆的案例

以广州图书馆为例，其自 2013 年开始收藏纪录片，并与广州电视台合作共

1　年旭. 古籍数字化, 让更多人共享经典魅力 [N]. 光明日报, 2023-02-03（02）.（NIAN X. The digitalization of ancient books allows more people to share the charm of classics[N]. Guangming Daily, 2023-02-03（02）.）

建广州本土影像资源。截至 2019 年，已收藏纪录片达 9 万小时，并在图书馆内建立了广州纪录片研究展示中心。这一举措丰富了图书馆的数字特藏内容，为公众提供了丰富的文化资源。[1]

4. 公开的互联网内容

（1）管理挑战与策略

公开的互联网内容数量庞大，分布广泛，内容更新迅速，这给图书馆的管理带来了挑战。为应对这一挑战，图书馆可制定相应的收集、整理、展示和利用策略，例如利用网络爬虫技术对相关内容进行自动化收集和整理，以确保图书馆在信息获取方面保持领先地位。

（2）新冠疫情下的应对举措

以新冠疫情为例，全球多个图书馆开展了相关网页内容的收集、整理、展示和利用工作。这些工作不仅有助于记录历史事件，还为公众提供了可靠的信息来源，体现了图书馆在应对突发事件中的重要作用。

5. 个人社交网络文书

（1）隐私与版权问题

个人社交网络文书属于私密内容，包括邮件、聊天记录等，其收集、整理和利用涉及隐私和版权等法律和道德问题。图书馆在收集这类资源时，需要严格遵守相关法律法规，尊重个人隐私，并与相关运营商合作，确保资源的合法获取和使用。

（2）潜在的研究价值

个人社交网络文书虽然具有私密性，但其独特性和真实性使得其具有潜在的研究价值。图书馆可以通过合法途径收集这些文书，并建立相关的研究资源库，为学术研究提供丰富的数据来源。

6. 科学数据

（1）政策背景与重要性

国务院颁发的《科学数据管理办法》彰显了国家对科学数据管理的重视，这些数据包括各领域的基础研究、应用研究等产生的原始数据及其衍生数据。科学数据的数字化管理是各高校图书馆重点关注的内容之一，例如，复旦大学图书馆管理了多个科学数据、城市数据项目，为科研人员和学术界提供了重要的数据支持。

---

1 广州图书馆. 纪录片 [EB/ OL].[2023-11-28]. https：// www. gzlib. org. cn / fwjlp / index. jhtml.（Guangzhou Library. Documentary[EB/ OL].[2023-11-28]. https：// www. gzlib. org. cn / fwjlp / index. jhtml.）

（2）数据管理与共享

科学数据的管理不仅涉及数据的采集、整理和存储，还包括数据的共享与开放。图书馆在管理科学数据时，需要遵循相关的数据管理规范，确保数据的质量和可用性，并积极推动数据的共享与开放，促进科学研究的合作与创新。

7. NFT 数字藏品

（1）区块链技术与 NFT 兴起

非同质化代币（NFT）是随着区块链技术的发展而兴起的一种数字化资产，它们具有唯一性和不可替代性，拥有数字版权并可实现发行、买卖、收藏和使用。这些特点赋予了 NFT 数字藏品一定的金融属性和文化价值，吸引了机构和图书馆的关注。

（2）NFT 数字藏品在图书馆中的应用

一些机构和图书馆已经开始围绕特藏内容发行 NFT 数字藏品，这为图书馆开拓了新的数字化收藏与展示模式。然而，在国内，NFT 数字藏品的交易仍处于起步阶段，图书馆需要积极跟踪 NFT 技术的发展，探索与之相适应的管理与服务方法，以实现数字特藏的更广泛传播和利用。

二、图书馆数字特藏建设的紧迫性及其发展路径

（一）数字特藏建设的紧迫性

从目前数字特藏的工作进展来看，图书馆已经以项目为导向开展数字特藏的收集、整理工作，但远远没有得到足够重视。主要原因，一是对"特藏"的认知不充分，仅局限在实体的古籍、民国文献、书画拓片、珍稀文献等方面，围绕这些资源开展保护和服务；二是即便已经认识到原生数字特藏的重要性，但如何建设、如何管理和利用，没有有效的制度和技术方法，原生数字资源每时每刻都在增长，也因政策、网络运营公司和个人等诸多原因，大量有长期保存价值的数字资源在快速消失。数字特藏建设的紧迫性主要体现在以下四个方面。

1. 数字特藏的认知与现状

（1）实体特藏的数字化进展不足

实体特藏的数字化工作在我国尚未得到充分重视与推动。尽管图书馆以项目为导向进行数字特藏的收集和整理工作，但往往局限在传统古籍、民国文献等实体文献的范畴内。对于其他形式的实体特藏，如书画拓片等，数字化工作进展更是缓慢。尽管实体特藏的保护工作包括提供合适的环境条件等措施，但数字化仍然是其延续和利用的有效手段，因此亟须对现有特藏进行有序的数字化工作。

（2）对原生数字特藏的认知不足

原生数字特藏的重要性尚未被充分认识与重视。虽然一些图书馆已经意识到了原生数字特藏的存在，但在如何建设、管理和利用方面缺乏有效的制度和技术方法。原生数字资源不断增长，但缺乏有效的政策与机制，加之受到政策、网络平台和个人行为等多种因素的影响，大量有长期保存价值的数字资源正快速消失。因此，亟须对原生数字资源进行有效管理与保护。

2. 数字特藏建设的紧迫性

（1）实体特藏数字化的必要性

实体特藏的数字化工作是保护与利用这些珍贵资源的重要途径之一。虽然实体特藏通过提供适宜的保存环境进行保护，但这仅仅是暂时的延缓，无法确保资源的永久利用。数字化工作是最有效的手段之一，也是开放、利用、传播这些特藏资源的重要途径，因此应该统筹规划，有序完成现有特藏的数字化工作。

（2）原生数字特藏的即时收藏

原生数字资源的特殊性在于其独特性和即时性。这些资源具有重要的长期保存价值，但由于其唯一性，若不及时收藏，可能会永久丧失。例如，某学者的电子邮件或聊天记录等资源，都是独一无二的。因此，图书馆应及时收藏这些原生数字特藏，并经过合法授权后加以整理与保护。

3. 原生数字资源的快速迭代与散失风险

（1）原生数字资源的快速迭代

原生数字资源的更新迭代速度较快，更易散失。在数字时代，内容的生成、更改、删除比传统载体更为便捷，而网络环境的不确定性也增加了资源保存的难度。因此，图书馆应及时抓取、保存、编目、在线流通这些原生数字资源，同时建立长期保存的系统和定期备份机制，以确保其永久存储与利用。

（2）紧急需求下的资源保护与传承

随着数字内容的快速增长与变化，图书馆应当从中发现具有特藏价值的资源，并进行收集整理、开发利用与传承保护。这需要图书馆具备对不同类型数字资源的鉴别能力和高效处理能力，以应对数字时代信息管理的紧迫需求。

4. 制度标准与数字特藏建设

（1）标准规范的重要性

数字特藏建设的前提在于制定相应的标准体系。数字特藏的管理涉及多方面的规范和技术问题，而图书馆当前的管理标准对于数字特藏的管理信息系统与标准体系建设提出了挑战。因此，图书馆需要制定与自身特色相适应的标准体系，以确保数字特藏建设的有效推进与长期持续。

（2）图书馆的使命与数字特藏建设

数字特藏建设不仅是图书馆的使命，也是其在数字时代的重要任务。每一件目标藏品都凝聚着珍贵的文化与历史信息，而图书馆应该积极议定数字特藏的建设规划，并付诸行动。逐步构建具有各馆特色的数字特藏体系，不仅有助于资源的传承与保护，也将成为图书馆在数字时代的重要标志与文化使命。

（二）数字特藏的建设路径

数字资源建设主要有资源收割、采购、读者交存三种渠道，一定程度上也适用于数字特藏建设。除了实体特藏对应的数字版本外，其余类别的数字特藏资源基本来自图书馆外。图书馆需要从难以计数的数字内容中，确定本馆的数字特藏入藏范围、类型、专题特色和预期规模等策略，同时构建长期可持续的数字特藏建设的保障机制，确保资源稳定增长的持续性。当前重点是需要尽快起步，在实践中探索和积累数字特藏的建设经验。

1. 进一步加强政策层面的统筹规划与支持

数字特藏建设在多年的实践中逐渐形成了行业共识和规范，但宏观政策层面的规划与支持仍然存在不足。数字特藏作为文化大数据体系中的重要组成部分，亟须政策层面的统筹规划、制度建设与项目支持。

在统筹规划方面，应将数字特藏建设纳入行业、地区、学校的文化事业建设范畴中。具体而言，可以规划分层设立的集中式云存储基地，以确保数字特藏数据的安全性和可持续性；同时，在重点实验室的数据基础设施方面进行投资和建设，以促进数字特藏技术的创新和发展；此外，还可以推动文旅融合的创新服务项目，将数字特藏与旅游文化产业相结合，丰富文化旅游资源，提升文化软实力。

在制度建设方面，应重点建立健全数字特藏的交存机制。这意味着要求部分原生数字资源必须提供给图书馆、档案馆等文化机构进行长期保存，从而确保这些珍贵资源不会因技术或商业原因而丢失。同时，应对个体提供资源的交存给予鼓励和支持，通过政策激励更多的个人和机构参与数字特藏的建设和分享。此外，完善法律制度也至关重要，对以保存为主的资源的版权管理进行适当豁免，以便更好地保护和利用这些数字特藏资源。

在项目支持方面，应该给予人、财、物等基础条件的稳定支持。这意味着需要策划相关项目，并将数字特藏建设作为国家重大文化工程的重要组成部分，写入国家发展规划中，例如"十四五"规划。特别是，中国国家版本馆作为国家重大文化工程的核心项目之一，应得到政策的指导和支持，通过政府的投资和引导，建设成为履行国家版本资源保藏传承职责的中华文化种子基因库。[1]通过统筹规划、制度建设、项目支持等多措并进的努力，数字特藏的发展才能获得源源不断的生命力，并为文化传承与创新发展提供持久动力。

2.尽快完成实体特藏的数字化及标引工作

当前，实体特藏的数字化及标引工作已成为图书馆数字化建设的重中之重。尽管几十年来已经实施了许多古籍、民国文献等数字化工程，使得数字特藏资源占比极大，但仍然存在着一系列需要尽快完成的工作任务。

首先，尚有大量实体特藏尚未进行数字化。这些特藏包括了各种类型的实体文献、书籍、手稿、文物等，它们蕴含着丰富的历史文化价值，但由于时间、资金、技术等因素的限制，尚未得到数字化的工作进展。因此，需要图书馆保持高度的积极性和稳定的进度，加快实体特藏的数字化工作进程，确保这些宝贵资源得到有效的保存和传承。

其次，早期部分数字化特藏存在质量不高的问题。由于技术水平、标准控制和存储空间等方面的限制，早期数字化特藏的图像像素低、成像质量差、标引不够全面等问题较为普遍。为了提升数字特藏资源的质量，建议采用新技术重新进行数字化加工，确保图像清晰度和成像质量。例如，建议采用不低于1200dpi（分辨率的单位）的分辨率进行数字化，同时应用3D、光学、虚拟现实（VR）等先进技术，生成高度还原的数字特藏版本，以更好地满足用户的需求和期待。

最后，新的数字特藏资源还需完成更为精细的深度标引工作。标引是数字特藏资源管理和利用的基础，精细的标引工作可以为后续的知识库、知识图谱等建设奠定基础。因此，图书馆应加强对数字特藏资源的深度标引工作，确保每一项资源都能够被准确地描述和索引，为用户提供更为便捷、准确的检索和利用服务。

3.确定以专题建设为主的数字特藏建设

当前，图书馆资源建设面临着从被动采购到主动寻访的转变，特别是数字特藏的建设更需要着眼于主动寻访。数字特藏具有数字资源的典型特点，其分散性极强，因此只有通过主动开展征集、交存、自动收割等工作，才能从海量杂乱的数字环境中寻找到值得收藏的资源。

其次，由于数字特藏数量巨大，每个图书馆的数字特藏规划都应以专题建设为主。在评估本馆建设能力后，应根据所处地域、地区文化、历史文化、机构、学科、人物、技术等因素，明确本馆数字特藏的专题目标和收藏范围。例如，公共图书馆应更多面向城市、社会读者、公共服务，主要收集本地域历史记忆和地

1　薛鹏，杨文佳.中国国家版本馆开馆新时代标志性文化传世工程[EB/OL].（2022-07-31）[2023-02-28].

方文化；而高校图书馆则应聚焦于学校的学科发展，主要收藏学术沿革、学术成果的积累、学术脉络的承袭以及学术思想传承等内容。

一旦确定了数字特藏的专题目标，就可以采取"化整为零"的思路，利用多个专题来支撑全馆数字特藏架构体系。通过整合多种形式的数字资源，包括多媒体、互联网内容等，可以实现资源之间的相互支撑和印证。此外，利用信息技术构建管理、展示和利用平台，可以提升读者的体验感，使得数字特藏得以更好地被利用和传播。

4. 研发专用数字特藏采集系统，倡导个人交存

随着数字特藏资源的不断增加和多样化，建设专用的数字特藏采集系统变得尤为重要。除了前文所提及的七个类别外，随着数字特藏建设的需求和信息技术的不断发展，还可能会增加新的类别。从发展趋势来看，建设目标应以原生数字特藏为主，因为原生数字特藏具有独特的网络环境、应用平台、存储格式和使用方式。

为了更好地满足数字特藏建设的需求，建议针对不同类型的数字特藏研发专用的、易用的、支持多终端和多来源的采集系统。这样的系统将成为数字特藏资源建设成效的关键。通过这样的系统，图书馆可以更加高效地收集各类数字特藏资源，包括古籍、灰色文献、多媒体资源、科学数据等，从而快速积累起丰富的数字特藏。

同时，我们需要推行"读者＋图书馆"的资源共建模式，并加强服务营销。这意味着图书馆需要更加主动地吸引读者参与数字特藏资源的建设和共享。只有通过读者与图书馆的合作，才能更好地实现数字特藏资源的丰富和共享。

针对这一目标，数字特征采集系统应该倡导以个人为主体的主动参与。这意味着个人可以随时随地通过该系统将自己所拥有的数字特藏资源进行交存，不受时间、地点和经济等因素的限制。通过个人的主动参与，数字特藏资源的丰富性和多样性将得到进一步增强，从而更好地满足用户的需求和利益。

5. 案例：CQ 大学图书馆的"数字特藏"建设实践

CQ 大学图书馆的"数字特藏"建设实践为保存校园文化记忆、扩充多媒体类型的数字特藏做出了积极的探索和尝试。通过研发微信小程序，CQ 大学图书馆建立了一系列便捷的数字特藏采集系统，以促进读者参与和数字特藏资源的丰富化。

首先，于2019年启用的"＋馆藏"系统为读者提供了主动交存数字特藏的渠道。读者可以通过该系统提交图片、音频、视频等多媒体资源，但必须按照图书馆的

著录标准和流程规范进行提交。这一系统的建立使得读者能够积极参与数字特藏资源的建设，为校园文化记忆的保存做出贡献。

然而，由于特藏著录较为严格和烦琐，读者的积极性受到了一定影响。因此，在 2020 年，图书馆又启动了"时间胶囊"系统，旨在简化读者需要填写的著录信息，并增加学生志愿者和馆员参与审核和完善标准著录信息。这一举措使得数字特藏的建设更加高效，截至 2023 年 10 月底，这两个系统已经拥有了超过 21 万件的数字特藏资源。

除了针对全体读者的系统外，CQ 大学图书馆还在 2020 年启动了"青春记忆纪念册"小程序，专门针对毕业生群体。通过各种举措，该系统让毕业生可以留存自己在大学期间的照片、成绩册、奖状等资源，截至 2023 年 10 月底，已有 2800 多名毕业生建立了自己的电子纪念册。这一系统的建立不仅丰富了数字特藏的内容，还为毕业生提供了一个珍贵的留念平台。

与此同时，图书馆还要求各类阅读推广、文化展览等活动结束后交存数字版本到系统平台，以进一步丰富数字特藏的内容。通过这些实践，图书馆发现，数字特藏的资源建设必须有"众筹"功能，即以图书馆"记忆恒久"的特点来吸引读者参与。未来，面向个人的文档、电子邮件、社交网络记录等更需要读者授权并主动交存。此外，专用程序的设计便捷性、功能丰富性和营销宣传的效能，将很大程度影响数字特藏的建设效果。

综上所述，CQ 大学图书馆的数字特藏建设实践为促进校园文化记忆的保存和数字特藏资源的丰富做出了积极的尝试和探索。通过研发便捷的数字特藏采集系统，加强读者参与，以及推出面向毕业生的纪念册等措施，图书馆有效地促进了数字特藏资源的建设和共享，为其他高校图书馆提供了有益的借鉴和参考。

第二节　图书馆管理软件系统

一、图书馆管理软件系统的功能与特点

（一）图书馆资源管理

图书馆资源管理是图书馆工作的核心内容之一，而图书馆管理软件系统在这方面起着至关重要的作用。

1. 采购管理

采购管理是图书馆资源管理的首要环节之一。图书馆管理软件系统应具备完善的采购功能，包括制定采购计划、采购需求审核、供应商信息管理、采购订单生成等。系统能够支持多种采购方式，如招标采购、询价采购等，并能够自动生成采购报表和统计信息，为图书馆采购决策提供数据支持。

2. 编目管理

编目管理是对图书馆资源进行组织和描述的重要环节。图书馆管理软件系统应提供便捷的编目功能，支持对采购或捐赠的图书、期刊、多媒体资源等进行分类、编号和描述。系统应支持国际通用的编目规则和标准，如 MARC 标准，以确保编目信息的规范和统一。同时，系统还支持对编目信息的修改、更新和删除，以及批量导入导出功能，方便图书馆对资源信息的管理和维护。

3. 借还管理

借还管理是图书馆服务的核心内容之一，也是图书馆管理软件系统的重要功能之一。系统应能够记录读者的借阅信息，包括借书日期、归还日期、借阅期限等。当读者借书时，系统应自动生成借书条码或标签，并将借书信息记录到系统数据库中；当读者归还图书时，系统应能够自动更新借书记录，并计算逾期罚款等费用。此外，系统还应支持图书续借、预约、挂失等功能，提高借阅服务的效率和便利性。

4. 检索功能

检索功能是读者获取图书馆资源的主要途径之一。图书馆管理软件系统应提供多种检索方式，包括按书名、作者、主题、ISBN（书号）等进行检索。系统应支持精确检索和模糊检索，以满足不同读者的检索需求。检索结果应能够按照相关性、出版日期等排序，并提供详细的资源信息和位置信息，方便读者快速定位所需资源。

（二）读者管理

读者管理是图书馆管理软件系统中的重要组成部分，其功能和特点直接关系到图书馆的服务效率和读者满意度。

1. 读者注册

读者注册是图书馆管理软件系统中的首要功能之一。系统应提供在线注册的功能，允许读者填写个人信息并获取借阅权限。注册信息通常包括姓名、身份证号、联系方式等，有些系统还会要求读者提供学校或单位信息。注册成功后，读者将获得图书馆的借阅卡或账号，以便在图书馆借阅图书和使用其他服务。

2. 借阅记录管理

借阅记录管理是图书馆管理软件系统的核心功能之一。系统应记录每位读者的借阅历史，包括借阅的书籍、借阅日期、归还日期等。读者可以通过系统随时查询自己的借阅记录，以便了解自己的阅读习惯和借阅情况。此外，系统还支持读者借阅历史的统计和分析功能，为图书馆提供读者行为数据支持。

3. 预约服务

预约服务是图书馆管理软件系统的重要功能之一。系统应支持读者预约图书的功能，当所需图书被其他读者借出时，系统会提醒读者预约成功后的借阅时间。预约服务可以有效提高图书利用率，减少读者因图书借阅不足而造成的不便，提高读者的借阅满意度。同时，系统还支持读者取消预约和预约历史查询等功能，以方便读者管理自己的预约情况。

（三）统计与分析

统计与分析在图书馆管理软件系统中扮演着至关重要的角色，它们不仅是评估图书馆运营状况和服务水平的重要手段，也是制定未来发展策略和优化管理流程的重要依据。

1. 使用统计

使用统计是对图书馆的基本运营情况进行量化分析的过程。系统可以统计借阅量、图书流通率、阅览室使用情况、读者类型分布等数据，并将其呈现为报表或图表形式供管理者参考。通过对这些数据的分析，图书馆管理者可以了解图书馆的整体运营情况，及时发现问题并采取相应的改进措施。

2. 数据分析

数据分析是对图书馆数据进行深入挖掘和分析的过程，旨在发现潜在的规律和趋势。系统可以对读者借阅偏好、热门图书、阅读习惯、借阅时间分布等进行分析，帮助管理者更全面地了解读者需求和行为特征。通过数据分析，图书馆可以更精准地进行资源采购、服务规划和活动推广，提高服务水平和读者满意度。

3. 决策支持

统计与分析的最终目的是为图书馆管理者提供决策支持，帮助他们做出科学合理的决策。系统可以根据统计与分析的结果生成相应的建议或预测，为管理者提供决策参考。例如，系统可以根据数据分析结果提出针对性的服务优化建议，或者预测未来的图书需求趋势，帮助管理者制定相应的资源采购计划。这些决策支持可以帮助图书馆更好地适应用户需求变化，提升管理水平和服务质量。

二、图书馆管理软件系统的选用与应用

（一）需求分析与选择

1. 规模与需求分析

需求分析的第一步是对图书馆的规模和需求进行综合分析。图书馆应该考虑其藏书规模、读者数量、服务需求等方面的因素。例如，大型图书馆可能需要支持更多的资源类型和更复杂的读者管理功能，而小型图书馆则可能更注重简洁易用的系统界面。通过对图书馆规模和需求的全面分析，可以确定系统需要具备的功能和特点，以满足图书馆的实际运营需求。

2. 市场调研与评估

在确定了需求之后，图书馆应该进行市场调研，了解当前市场上的图书馆管理软件系统，并对其进行评估和比较。市场调研可以帮助图书馆了解不同系统的功能特点、价格、用户评价等信息，为后续的选择提供参考。评估的指标可以包括系统的功能完备性、易用性、性能稳定性、服务支持等方面，以确保选择的系统能够满足图书馆的实际需求并具有良好的使用体验。

3. 定制与集成

根据需求分析的结果，图书馆可以选择定制开发或购买现成的管理软件系统。定制开发可以根据图书馆的具体需求进行个性化定制，以最大程度地满足图书馆的需求。然而，定制开发往往费用较高且周期较长，需要充分考虑时间和成本的投入。另一方面，购买现成的系统可以节省时间和成本，但可能需要进行一定程度的定制和集成，以适应图书馆的实际情况。图书馆应根据自身情况和预算考虑选择定制开发还是购买现成系统。

4. 费用预算与效益评估

在选择管理软件系统时，图书馆需要充分考虑系统的费用预算和预期的效益。除了购买或定制系统的成本外，还需要考虑后续的维护费用、更新费用以及系统带来的效率提升和服务改善所带来的实际收益。图书馆应该根据预算和预期效益进行综合评估，并选择最符合自身需求和经济条件的管理软件系统。

（二）系统实施与培训

1. 实施规划

实施规划是确保系统顺利上线的关键一步。在制定实施规划时，图书馆需要考虑实施的时间安排、人员分工、资源配置等方面。首先，确定一个合适的实施时间表，充分考虑到图书馆的日常运营和读者服务不受过多干扰。其次，明确实

施过程中各个相关部门的责任分工，确保每个环节都有专人负责。最后，合理配置实施所需的资源，包括硬件设备、网络环境、技术支持等，以确保系统的正常运行。

2. 培训计划

培训计划是确保图书馆工作人员能够熟练使用新系统的关键一环。在制定培训计划时，图书馆应该根据系统的功能特点和工作人员的实际情况，确定培训的内容和形式。培训内容可以包括系统功能介绍、操作流程演示、常见问题解答等方面。培训形式可以采用面对面培训、远程培训、视频教程等多种方式，以满足不同人员的学习需求。

3. 实施执行

在实施执行阶段，图书馆需要按照制定的实施规划和培训计划，开始执行系统的实施和培训工作。在此过程中，需要密切跟踪实施进度，及时发现和解决可能出现的问题和困难。同时，还需要加强与系统提供商的沟通和协作，确保实施过程顺利进行。

4. 系统测试与调整

在系统实施完成后，图书馆需要进行系统测试，以确保系统的稳定性和功能完备性。测试内容可以包括功能测试、性能测试、安全测试等方面。如果在测试过程中发现问题或需要调整的地方，图书馆应该及时进行修正和优化，确保系统的正常运行和用户体验。

（三）系统更新与维护

1. 定期更新

随着技术和需求的不断变化，图书馆管理软件系统也需要定期进行更新和升级，以保持系统的功能完整性和安全性。图书馆需要与系统提供商保持密切联系，及时了解系统的最新版本和功能更新，并根据实际情况进行系统升级。定期更新还有助于引入新的功能和技术，提高系统的性能和用户体验。

2. 故障处理与维护

图书馆需要建立健全的系统故障处理和维护机制，及时响应和解决系统出现的故障和问题。这包括建立专门的技术支持团队或渠道，负责系统故障排查、维护更新等工作。同时，图书馆还需要定期进行系统维护，包括数据库清理、文件备份、安全防护等，以确保系统的稳定性和安全性。

3. 用户反馈与改进

图书馆可以建立用户反馈机制，鼓励用户对系统的使用体验和功能提出意见和建议。通过收集用户反馈，图书馆可以了解用户的真实需求和使用情况，并根据反馈结果进行系统改进和优化。这有助于提升系统的用户友好性和服务质量，增强用户对系统的满意度和依赖度。

第三节　数据挖掘与知识管理

一、数据挖掘技术在图书馆中的应用

（一）数据挖掘技术相关概述

1. 数据挖掘技术

随着科学技术的不断进步和信息化进程的加速，数据挖掘技术作为信息加工处理的重要技术支撑，在各个行业领域中发挥着日益重要的作用。数据挖掘技术的核心在于利用计算机算法和模型构建，对海量数据进行深入的分析和挖掘，从而发现数据中潜藏的规律、趋势和价值信息。这些信息和知识可以帮助人们更好地理解现象背后的本质，做出科学的决策和预测。

在当今社会，数据挖掘技术已经成为信息化时代的重要工具之一。它不仅可以应用于商业领域，例如市场营销、金融风险评估、客户关系管理等，还可以应用于医疗健康、教育科研、社会管理等各个领域。以商业领域为例，数据挖掘技术可以帮助企业分析市场需求、预测产品销售情况、优化供应链管理等，从而提高企业的竞争力和效益。在医疗健康领域，数据挖掘技术可以利用医疗数据进行疾病预测、诊断辅助、药物研发等，有助于提高医疗服务的质量和效率。

数据挖掘技术的应用不仅局限于对数据的分析和挖掘，更重要的是通过建立预测性的模型和系统，为相关人员提供决策支持和智能化的服务。这些模型和系统可以帮助人们更准确地预测未来趋势和发展方向，优化资源配置和决策流程，提高工作效率和质量。例如，在智慧城市建设中，数据挖掘技术可以分析城市的交通流量、环境污染、能源消耗等数据，为城市管理者提供科学的决策建议，实现城市的智能化管理和可持续发展。

2. 数据挖掘技术类型

依据数据结构方式不同，可将数据挖掘技术划分为以下几种类型。

（1）文本数据挖掘

文本数据挖掘是一种利用计算机技术从文本数据中提取有用信息的方法。它主要涉及文本信息的提取、分类和分析。在文本数据挖掘中，通常会应用词串表示法、词集合算法、贝叶斯分类算法等技术手段来处理文本数据。文本数据挖掘可以分为两种主要类型：文本信息挖掘和文档类信息挖掘。文本信息挖掘主要关注单个文本的特征提取、分类和分析，而文档类信息挖掘则更注重整个文档集合的分析和挖掘。通过文本数据挖掘，可以从海量的文本数据中发现隐藏的模式、趋势和规律，为信息检索、情感分析、舆情监测等应用提供支持。

（2）Web（网络）数据挖掘

Web 数据挖掘是数据挖掘技术在 Web 数据上的应用。它主要涉及对 Web 页面的数据进行挖掘和分析，包括用户信息、网页内容、页面结构等数据。Web 数据挖掘可以分为以下几种类型：Web 日志挖掘、Web 内容挖掘和 Web 架构挖掘。Web 日志挖掘主要用于分析用户的访问行为和偏好，以改进网站的设计和服务；Web 内容挖掘则着重于从网页文本中提取信息和发现模式，用于信息抽取、知识发现等任务；而 Web 架构挖掘关注网站的结构和链接关系，用于优化搜索引擎排名、改善网站导航等方面。

（3）数值数据挖掘

数值数据挖掘是指对数值型数据进行挖掘和分析的过程。它主要应用于描述数值数据和预测数值趋势。数值数据挖掘通常包括分类分析和预测分析两个主要方面。分类分析旨在将数据样本划分到不同的类别中，常用的方法包括决策树、支持向量机等。而预测分析则旨在预测未来的数值趋势或数值，常用的方法包括线性回归、时间序列分析等。数值数据挖掘在金融、医疗、工业等领域都有着广泛的应用，可以帮助人们更好地理解和利用数据，做出科学的决策和预测。

（二）数据挖掘技术在图书馆中的应用优势

1. 助力图书馆资源建设管理

图书馆资源建设管理一直是图书馆工作中的重要组成部分，对于提供优质资源、满足读者需求具有至关重要的作用。随着信息化建设的不断推进，图书馆资源管理逐渐向数字化转变，包括传统纸质资源和数字资源。在这一背景下，数据挖掘技术的应用为图书馆资源建设管理带来了积极影响。

首先，图书馆资源建设管理的核心在于满足读者的阅读需求。为了确保资源的有效利用，图书馆需要充分了解读者的阅读偏好和需求。数据挖掘技术能够帮助图书馆深入挖掘读者的相关信息，包括借阅记录、搜索记录、阅读偏好等，从而更好地了解读者的需求。基于这些信息，图书馆可以有针对性地进行图书采购和数字资源购置，优化资源的配置和管理，使每位读者都能够获得符合个性化需求的资源，提升阅读体验和满意度。

其次，数据挖掘技术在提升图书馆资源管理质量和效率方面发挥着重要作用。随着图书馆资源的增加和多样化，传统的资源管理模式已经不再适用于应对日益复杂的管理任务。数据挖掘技术可以对图书馆的资源进行深入分析，挖掘资源之间的内在联系和规律，帮助图书馆建立更加智能化的资源管理系统。通过数据挖掘技术，图书馆可以实现对资源的精细化管理，包括资源的分类、索引、整合和更新等方面，提高资源的利用率和管理效率，进而推动图书馆资源建设的持续健康发展。

2. 提升图书馆服务水平

提升图书馆服务水平是当前图书馆发展的主要方向之一，也是图书馆秉持人本理念、提高读者满意度的关键任务。近年来，随着个性化服务理念的逐渐普及和应用，图书馆致力于为不同类型的读者提供更为个性化、定制化的服务，以全面提升读者的借阅体验和满意度。

在传统的图书馆服务管理模式下，实现个性化服务并非易事，主要原因在于对读者信息、需求的了解不足，难以为每位读者提供精准的服务。然而，通过有效应用数据挖掘技术，图书馆能够克服这一难题。数据挖掘技术可以帮助图书馆全面、深入地了解每位读者的实际需求，并为其建立特定的个性化数据库。通过对读者的借阅记录、搜索记录、阅读偏好等信息进行挖掘分析，图书馆能够把握每位读者的阅读习惯、兴趣爱好以及借阅偏好，为其提供更为个性化的借阅服务。[1]

借助个性化数据库，图书馆可以实现多种形式的个性化服务，其中包括个性化推荐、定制化服务等。通过个性化推荐系统，图书馆能够向读者推荐与其阅读历史和兴趣相关的图书、期刊、文献等资源，从而提高读者的阅读体验和满意度。同时，图书馆还可以根据读者的需求和偏好，提供定制化的服务，例如个性化的图书推送、定制化的阅读活动等，满足不同读者的个性化需求。

通过数据挖掘技术实现个性化服务，不仅能够提高图书馆的服务水平，还能够增强图书馆与读者之间的互动和联系，促进读者对图书馆的认同感和忠诚度。因此，图书馆应当积极推动数据挖掘技术在个性化服务方面的应用，不断优化服务模式，为广大读者提供更加优质、个性化的借阅体验，推动图书馆服务水平的持续提升。

（三）数据挖掘技术在图书馆中的应用路径

1. 在图书馆图书管理中的应用

数据挖掘技术在图书馆图书管理中的应用是为了提高图书馆资源的利用效率

1　吴文臣. 数据挖掘技术在图书馆推荐系统中的应用研究 [J]. 电脑知识与技术，2019，15（33）：241-242，250.

和服务质量。在图书馆的图书采购管理中，数据挖掘技术可以通过分析读者的借阅历史、检索记录和需求，以及市场趋势和政策信息等，为图书馆的采购决策提供科学依据。通过挖掘读者的借阅行为和偏好，图书馆可以更准确地预测图书的需求量和类型，从而有针对性地进行采购，确保采购的图书能够满足读者的需求。同时，数据挖掘还可以帮助图书馆了解不同群体读者的阅读偏好和需求变化趋势，为图书馆的长期采购规划提供参考。

在图书馆的文献管理中，数据挖掘技术可以用于文献资源的整理、分类和优化管理。通过分析文献的使用频次、下载量、引用次数等指标，图书馆可以确定哪些文献资源是热门资源，哪些是冷门资源，以便及时调整文献的采购、订购和排架策略。同时，数据挖掘还可以发现文献之间的关联性和相似性，为读者提供更为精准的文献推荐和检索服务。

在图书馆的文献排架工作中，传统的排架方式可能存在效率低下和阅读体验差的问题。而基于数据挖掘技术的图书排架则可以更加智能化和个性化。通过分析读者的阅读偏好和行为，以及图书的主题、内容和标签等信息，图书馆可以将相似或相关的图书放置在相近的位置，提高读者的检索和借阅效率。同时，还可以根据读者的反馈和行为动态调整图书的排架位置，保持排架的灵活性和适应性。

2. 在图书馆信息化建设中的应用

信息化时代背景下，图书馆不断提高对信息化建设的重视度，并通过投入大量的人力、物力、财力，以推进图书馆信息化建设。图书馆信息化建设是一项复杂的系统工作，不仅体现在硬件设备建设方面，还体现在信息化资源及信息化功能的建设完善。数据挖掘技术在图书馆中的应用，同样可为图书馆信息化建设管理提供有力支持，并重要体现于硬件设备、数字资源、信息化功能等方面。首先，图书馆应加大数据挖掘力度，对图书馆信息化发展、传统管理模式进行全面比较研究，综合分析并建立科学合理的发展规划，开展好硬件设备建设工作，为图书馆信息化建设提供基础支持。

其次，图书馆还应加大数字资源建设管理力度，一方面要从网络渠道购置引入更多样、更丰富的数字资源，还应加强途径传统纸质资源向数字资源的转化，并借助数据挖掘技术对该过程进行全面管理，有效发现数字资源中存在的不足并进行改进。再次，图书馆还应借助数据挖掘技术对图书馆信息化功能予以建设完善，深度挖掘全球范围内优秀图书馆信息化功能、读者需求及数字图书馆相关数据信息，不断优化图书馆信息化功能。比如：利用数据挖掘技术，打造科学适用的 Web 导航平台。Web 信息量有着繁杂、无序的特征，对 Web 中的信息开展全面充分筛选存在不小的难题。基于此，对读者搜索的关键词、浏览资源类型与大小及浏览时长等，Web 日志应对其开展全面分析并提炼其中的联系，同时，借助 authority（权威）方法对相应学科的权威页面开展挖掘，以提取 Web 站点访问路径，接着对图书馆网页链接予以有效调整，为读者有效了解学科发展趋势及获取学科前沿知识创造有效便利。

3. 在图书馆个性化服务中的应用

当今社会，图书馆已经不再局限于为读者提供信息查询、信息反馈等单一服务，而需要结合读者的实际需求、兴趣偏好等，主动向读者提供个性化的信息服务。对于数据挖掘技术在图书馆个性化服务中的应用，可从以下几方面内容入手。

（1）确立数据挖掘目标，并建立数据库

在图书馆个性化服务的开展中，确立数据挖掘目标是至关重要的一步。通过分析读者的实际需求和图书馆的服务目标，可以明确数据挖掘的具体目标，以确保数据挖掘的有效性和针对性。例如，图书馆可能希望通过数据挖掘技术实现以下目标：了解读者的阅读偏好和行为模式，提高图书馆的资源利用率；个性化推荐图书或服务，提升读者的满意度和体验；预测图书的需求量和借阅趋势，优化图书的采购和排架策略等。[1]

在确立了数据挖掘目标之后，接下来的关键步骤是建立数据库。数据库是数据挖掘的基础，它存储了图书馆所需的各类数据，为数据挖掘工作提供了数据支持和基础。针对图书馆个性化服务的需求，可以建立两个主要的数据库：读者数据库和图书馆特色资源数据库。

首先，读者数据库是存储读者相关信息的数据库，包括读者的个人信息、借阅记录、阅读偏好、借阅历史、网站访问记录等。通过分析读者数据库中的数据，图书馆可以了解每位读者的阅读喜好、借阅频次、偏好图书类型等信息，从而为其提供更为个性化和精准的服务。读者数据库的建立需要收集和整理读者的各类信息，确保数据的完整性和准确性。

其次，图书馆特色资源数据库是存储图书馆特色资源信息的数据库，包括图书馆藏书信息、特色文献资源、数字化资源、文献排架信息等。通过建立图书馆特色资源数据库，可以有效管理和利用图书馆的特色资源，为读者提供更具特色和差异化的服务。图书馆特色资源数据库的建立需要对图书馆的各类资源进行分类、编目和整理，确保资源信息的全面性和规范性。

1　杨军.大数据对于图书馆管理的影响及应用探讨 [J].文化创新比较研究，2020，4（3）：79-80.

（2）分析调整数据库中的数据

在数据库建立完成后，对其中的数据进行分析调整是数据挖掘工作中至关重要的一环。这一步骤旨在确保数据的质量和准确性，从而提高数据挖掘的效果和可信度。具体而言，分析调整数据库中的数据可以分为数据抽取、数据清洗和数据转换三个主要步骤。

首先，数据抽取是指从数据库中搜索出与数据挖掘目标相关的各类数据信息。在数据库中可能包含大量的数据，但并非所有数据都对数据挖掘目标具有价值。因此，需要针对性地进行数据抽取，选择与目标相关的数据进行后续分析和挖掘。这一步需要结合数据挖掘目标和数据库的结构，确定需要抽取的数据内容和范围。

其次，数据清洗是指对数据库中的数据进行清理和整理，以保证数据的质量和完整性。数据库中可能存在数据重复、缺失、错误等问题，这些问题会影响到数据挖掘的结果和准确性。因此，需要对数据进行清洗，消除重复记录，修复错误数据，填补缺失值等。通过数据清洗，可以确保数据库中的数据质量达到一定标准，为后续的数据挖掘工作打下良好的基础。

最后，数据转换是指对数据库中的数据进行变换和整合，以提取出有价值的特征信息，减少数据维度，提高数据挖掘的效率和准确性。在数据转换过程中，可以采用特征选择、降维等技术，从原始数据中提取出对数据挖掘目标最有价值的特征，同时减少不必要的数据维度，简化数据分析过程。通过数据转换，可以使数据更加适合于数据挖掘算法的应用，提高数据挖掘的效果和可解释性。

（3）选取适用的算法，建立相关数据挖掘模型

在选择适用的算法并建立相关的数据挖掘模型时，需要根据任务的性质、数据的特征以及实际系统要求或读者需求进行综合考虑。不同的算法适用于不同的挖掘任务，因此需要根据具体情况进行选择。例如，针对不同类型的读者需求，可以采用预测性模型、描述性模型或易于理解的模型等。

在选择完毕算法后，需要建立相关的数据挖掘模型。这包括依托聚类、分类和时序模型，提取出读者的个性化和普遍性需求，以及对关联规则模型进行构建。聚类算法可以帮助将读者分成不同的群体，从而发现他们的共同特征和需求；分类算法可以预测读者对不同资源的偏好，帮助图书馆为他们提供更合适的服务；时序模型可以预测读者的行为趋势，以便及时调整图书馆的服务策略；而关联规则模型则可以发现读者借阅行为之间的关联规律，为图书馆提供更深入的洞察。

建立相关的数据挖掘模型后，还需要进行必要的验证和试用，以确定模型的有效性和适用性。这可以通过在真实环境中应用模型并评估其性能来实现。通过

验证和试用，可以选定最理想的模型，从而解决目标问题并提高图书馆的服务水平和效率。

（4）数据挖掘结果处理

在数据挖掘工作中，一旦建立了数据挖掘模型并获取了挖掘结果，图书馆需要对这些结果进行处理和分析，以便更好地应用于实际的管理和服务提升中。其中，一个重要的步骤是对数据挖掘结果进行可视化处理。

可视化处理是将抽象的数据结果转化为易于理解和直观的形式的过程。通过可视化，图书馆管理人员和决策者可以直观地了解数据挖掘的结果，并从中获取有用的信息。同时，可视化也有助于将复杂的数据模式和关联关系展示出来，使人们更容易理解和分析。

在图书馆中，可视化处理可以采用各种图表、图形和图像等形式，如柱状图、折线图、饼图、热力图等。这些图表可以展示图书馆资源的使用情况、读者的借阅偏好、阅读趋势等信息，帮助管理人员全面了解图书馆的运行状况。

举例来说，柱状图可以用来比较不同图书类别的借阅量，从而指导图书采购策略；折线图可以展示不同时间段内的借阅趋势，为图书馆提供借阅规律的参考；热力图可以显示图书馆空间的利用情况，帮助进行空间规划和布局优化。

通过可视化处理，图书馆管理人员可以更直观地了解图书馆的运行情况，及时发现问题并采取措施加以解决。同时，可视化也可以帮助图书馆向读者展示图书馆的资源情况和服务水平，提升读者的满意度和体验。

二、知识管理系统的建设与运用

（一）图书馆知识管理的含义

在当前中国科学文化水平不断提升的背景下，知识的作用日益凸显，越来越多的人开始注重知识的积累，并对图书馆所蕴藏的知识量产生了较高的期望。在这样的背景下，图书馆知识管理应运而生。图书馆知识管理的含义是指在图书馆的运营和管理工作中，工作人员能够从图书馆内获取各种自身需求的知识和信息，并在掌握了这些知识和信息后，能够有效地运用于管理工作中，制定具有针对性的管理决策，从而提升管理水平，实现图书馆现代化发展的目标。

从图书馆知识管理的含义可以看出，这一管理模式的核心是知识。这些知识主要来源于图书馆各部门在实际管理工作中不断积累的知识和经验。图书馆知识管理的重点在于对这些积累的知识和经验进行有效的管理，进而达到提升图书馆管理水平的目的。通过有效的知识管理，图书馆能够更好地应对管理工作中的各种挑战，提高工作效率和服务质量，为读者提供更好的服务体验。

随着科学技术的快速发展，图书馆知识管理也在不断发展和完善。数字化知识管理模式应运而生，主要是通过充分利用互联网数字信息技术，促进图书馆各部门之间的管理实现有效融合，将知识管理理念融入管理模式中，实现图书馆管理与时俱进的目标。数字化知识管理模式不仅可以提高管理效率，还可以为图书馆的文化建设和服务提升提供更多可能性，推动图书馆朝着现代化、智能化的方向发展。

（二）图书馆知识管理模式的创新之处

1.创新管理理念

在传统的图书馆管理工作中，通常采用现代管理学的理论和方法，通过科学合理地规划和管理来实现全面把控和全局管理图书馆的目标，从而促进图书馆内资源的科学利用，提高知识利用率，实现图书馆管理工作的目标。然而，随着时代的变迁和信息化的发展，图书馆管理理念也在不断创新与演进。其中，图书馆知识管理模式作为一种创新的管理理念，应用知识管理理论和方法，通过深度优化人力资源结构和管理模式来满足人们获取丰富知识和信息的需求。

首先，图书馆知识管理模式与传统管理模式在应用理论上存在显著差异。传统管理模式主要应用管理学理论，注重科学规划和全面把控图书馆的管理工作；而知识管理模式则应用知识管理理论，着重于优化人力资源结构和管理模式，以满足人们获取知识和信息的需求。

其次，两种管理模式的管理对象也存在差异。传统管理模式的管理对象包括员工、设施、资金、技术和文献等，而知识管理模式则更关注人力资源、物力资源、知识含量、图书馆文化和管理技术等方面。

最后，两种管理模式的管理重心也有所不同。传统管理模式在实际管理中更注重事务管理，保证图书馆各环节顺利运行，而知识管理模式则更注重以人为本的管理理念的落实，通过深度完善人力资源结构和创新知识服务模式，提升图书馆管理的质量和服务水平。

2.创新管理内容

知识管理模式在图书馆管理工作中对人力资源管理、业务管理和行政管理方面进行了有效创新，具体表现在以下几个方面。

首先，知识管理模式注重知识创新。它将知识作为创新的核心目标，对传统的图书馆管理体系和应用的管理理论进行分析，并进行改革，从而创新出符合时代要求的新管理模式。通过深度完善管理模式，知识管理模式有效地解决了传统

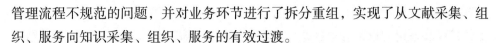

管理流程不规范的问题，并对业务环节进行了拆分重组，实现了从文献采集、组织、服务向知识采集、组织、服务的有效过渡。

其次，知识管理模式推动知识的应用创新。它构建了网络图书馆，为城市各重要机构提供便捷的查阅服务，并拓展了服务业务，为用户提供多元化和深层次的服务内容。这种复合型服务模式能够更好地满足社会不同层次人群的需求，进一步提升了图书馆的服务水平。

第三，知识管理模式创新了知识服务模式。它以用户为核心，根据用户的需求提供相应的服务，满足用户获取知识和信息的需求，充分发挥了图书馆的知识服务作用。

最后，知识管理模式还推动了人力资源管理的创新。它注重提升工作人员的素质水平，通过持续的培训，促进工作人员的素质不断提高，并将他们的能力应用于服务中，进一步提升了图书馆的服务水平。

（三）图书馆应用知识管理模式提升现代化管理水平的策略

1. 打破传统管理方法，全面实施知识管理模式

当前，传统的图书馆管理模式已经无法适应迅速变化的信息环境和读者需求的多样化，因此，打破传统管理方法并全面实施知识管理模式成为图书馆发展的必然选择。要实现这一目标，需要从图书馆的领导者到基层管理者都改变管理理念，并将知识管理的优势有效渗透到日常管理工作中。

首先，领导者与管理者需要全面并正确认识知识管理模式。他们应该深入了解知识管理的概念、原理和方法，认识到知识管理对于图书馆发展的重要性和必要性。只有当领导者和管理者都认可知识管理模式，并将其作为图书馆管理的核心理念时，才能推动知识管理模式的全面实施。

其次，领导者和管理者需要从思想上进行有效的改变，并积极应用知识管理方法。在日常的管理工作中，他们应该将知识管理的理念贯彻到每一个管理环节中。例如，在分配工作任务时，应该明确任务的目标，并向工作人员详细阐述任务的背景、意义和要求，让工作人员全面了解任务的重要性和实现目标的方式。同时，鼓励工作人员自主思考和创新，在实现任务的过程中不断总结经验，形成知识的积累和分享。这样的做法不仅能够提高工作效率，还能够激发员工的工作激情和创造力，从而推动图书馆管理效果的提升。

2. 构建完善的知识管理系统

为了全面落实知识管理模式于图书馆管理工作中，必须建立一个完善的知识管理系统。这一系统应该将知识理论广泛应用于管理实践中，并在管理工作中灵

活地运用这些理论。为了实现这一目标，图书馆的领导者需要首先全面搜集管理工作经验和理论知识，并对这些信息进行整理、编制成电子数据，然后将其纳入图书馆的知识管理系统中。管理人员则需要加强学习，将系统内的理论知识和工作经验融入自己的实际工作中，并进行灵活地应用。

例如，图书馆的领导者可以通过网络积极学习先进的管理理念和方法，结合图书馆的实际情况，创造出适合自身发展的管理模式。然后，将这些模式整合到知识管理系统中，以便管理人员能够有效地应用于实际管理工作中，从而实现管理水平的不断提升。此外，定期挖掘以往管理工作中存在的薄弱环节，根据先进的管理理念和方法制定出有效的改善措施也是十分重要的。这些改善措施应该纳入知识管理系统中，并在实际工作中得到贯彻执行，以提升管理质量并不断改进管理工作。

3. 加大培训力度并构建奖惩机制

为了实现知识管理模式对图书馆管理工作的有效创新，图书馆需要重视并加大培训力度，并建立健全的奖惩机制。培训措施在图书馆管理工作中扮演着至关重要的角色，因为它能够有效提升管理者的综合能力，进而促使他们在管理决策时更加科学和合理。图书馆应该将培训措施贯彻于管理工作的方方面面，并且加大力度，确保每位管理者都能够获得充分的培训和学习机会。这样做不仅有助于管理者更新知识、提升技能，还能够激发他们更加积极地投入到管理工作中，推动图书馆管理水平的不断提升。

另外，构建完善的奖惩机制也是至关重要的。奖惩机制可以有效地激发员工的工作积极性，提升他们自身各方面能力，从而促进图书馆服务水平的不断提升。通过奖励优秀表现和成绩突出的员工，图书馆可以树立榜样，激发其他员工的竞争意识和工作动力。而对于表现不佳或违规行为的员工，则应当采取适当的惩罚措施，以维护图书馆的秩序和声誉。这样的奖惩机制不仅能够调动员工的积极性，还能够为图书馆的快速发展提供良好的保障。

4. 重视管理手段的创新

图书馆作为知识传播和服务的中心，应当积极利用知识管理模式来创新管理方法，以推动图书馆更好地发展。首先，图书馆应重视创新服务模式。作为社会各界获取知识的重要场所，图书馆的服务模式直接影响着用户的满意度和对图书馆的认可程度。因此，图书馆应积极改变传统的服务理念，引入现代化的服务模式，不断提升服务的速度、精准度和普及度。这可以通过引入新的服务手段和技术，例如，提供在线图书借阅、开展虚拟参观、举办线上讲座等方式来满足用户的需求，使得图书馆的服务更加贴近用户，更加便捷高效。

其次，图书馆应积极引入先进的技术。随着科学技术的不断发展，图书馆管理面临着新的挑战和机遇。现代技术的引入可以帮助图书馆提升管理质量和服务水平。例如，利用信息技术来建立数字化图书馆系统，提供更便捷的文献检索和借阅服务；引入智能化的图书管理系统，提高图书馆的运行效率和管理水平；利用大数据和人工智能技术进行读者行为分析，为图书馆的服务内容和形式提供数据支持，使得服务更加个性化和精准化。通过引入先进技术，图书馆可以更好地适应信息化时代的要求，提升服务水平，满足用户的需求。

第四节　虚拟图书馆与远程服务

一、虚拟图书馆的构建和应用

（一）虚拟现实技术概述

1. 虚拟现实技术含义

虚拟现实技术（VR）是一种通过计算机生成模拟环境，并通过多种传感设备使用户沉浸其中，与虚拟环境进行自然交互的技术。其含义在于创建和体验虚拟环境的计算机系统技术，使用户可以与虚拟世界中的物体进行交互，产生仿佛置身于真实环境中的感受和体验。虚拟现实技术通过整合文字、图形、图像、动画、声音、视频等不同信息，构建出内容丰富、逼真生动的虚拟情景，使人们通过多种感官接受刺激，产生身临其境的感觉。

该技术主要包括模拟环境、感知、自然技能和传感设备等方面。模拟环境是由计算机生成的实时动态的三维立体图像，使用户感受到逼真的虚拟场景。感知则包括视觉、听觉、触觉、力觉、运动甚至嗅觉、味觉等感知，使用户全面体验虚拟环境。自然技能是指用户可以通过头部转动、眼睛注视、手势等自然动作与虚拟环境进行交互，并得到实时反馈。传感设备则包括各种三维交互设备，用于捕捉用户的动作和输入信息。

根据实现方式的不同，虚拟现实技术可分为桌面虚拟现实系统、沉浸式虚拟现实系统、增强式虚拟现实系统和网络分布式虚拟现实系统。桌面虚拟现实系统主要通过计算机屏幕实现虚拟环境的观察和交互；沉浸式虚拟现实系统通过特殊设备如头盔式显示器、数字手套等实现用户对虚拟环境的全方位感知；增强式虚拟现实系统则将虚拟环境的图形叠加在现实物体上，使用户可以看到现实环境中的物体并与之交互；而网络分布式虚拟现实系统则通过网络连接多个用户，实现多人共享虚拟环境的体验。

2. 虚拟现实技术特征

虚拟现实技术具有多个基本特征，这些特征共同构成了其独特的工作原理和用户体验，包括沉浸性、交互性、构想性和多感知性。

（1）沉浸性

沉浸性是虚拟现实技术最为突出的特征之一。通过沉浸式虚拟环境，用户仿佛置身于一个完全不同的世界中，完全沉浸于计算机创建的三维环境中。在这个虚拟环境中，用户能够感受到真实环境中的一切，从而产生身临其境的感受。这种沉浸感通常通过虚拟现实头戴设备提供，用户戴上头戴设备后，眼前的屏幕会呈现出逼真的三维图像，使用户感觉自己置身于一个全新的环境中。

（2）交互性

虚拟现实技术的另一个重要特征是交互性。用户不再是被动观察者，而可以与虚拟环境中的各种对象进行自然的交互。这意味着用户可以通过各种方式与虚拟环境中的物体互动，包括触摸、移动、抓取等。虚拟环境对用户的反应是实时的和自然的，用户的行为会立即得到相应的反馈。这种交互性使得虚拟现实技术在培训、教育和娱乐等领域具有广泛的应用前景。

（3）构想性

虚拟现实技术的另一个重要特征是构想性。虚拟环境不仅可以模拟现实世界中已经存在的环境，还可以构想出各种不同的虚拟场景，甚至是超越现实的想象空间。这种构想性使得虚拟现实技术可以应用于各种创新领域，包括科学研究、艺术创作等。通过虚拟现实技术，用户可以体验到以前无法想象的场景和体验。

（4）多感知性

最后，虚拟现实技术具有多感知性，即用户在虚拟环境中可以获得视觉、听觉、触觉、动觉等多种感知体验。通过视觉和听觉设备，用户可以感受到逼真的视听效果；通过触觉反馈装置，用户可以感受到虚拟环境中物体的触感和力度；通过动觉装置，用户可以感受到自己在虚拟环境中的运动和动作。这种多感知性使得虚拟现实技术的体验更加真实和丰富。

（二）虚拟现实技术在图书馆中的应用

1. 构建虚拟图书馆场景，利于读者了解图书馆内外布局

随着社会对图书馆建设的重视和投入增加，许多地方都在新建或扩建图书馆。利用虚拟现实技术构建虚拟图书馆场景成为一种有效的方式，它可以帮助读者尽

早了解图书馆的功能结构、馆藏布局和服务场所设置。虚拟图书馆场景的实现依托于虚拟现实技术，通过虚拟现实建模语言构建出逼真的图书馆环境。在这个虚拟环境中，读者可以自由地行走、浏览书籍等，仿佛置身于真实的图书馆中，获得与现实生活相似的体验。

为了构建一个逼真的虚拟图书馆场景，可以采用 VRML（虚拟现实建模）语言和 3DSMAX（一种三维建模渲染和制作软件）相结合的方式。这样的组合可以创建出数据量较小、适合网络传输的三维图书馆模型，保证了用户在浏览过程中的流畅体验。一旦虚拟图书馆场景构建完成，系统需要实现实时的场景调度管理，并在显示设备上实时绘制输出实景画面，以保证用户在使用时能够获得最真实的感受。

以国家图书馆为例，其虚拟现实系统的投入使用使得读者能够通过专门的虚拟现实体验区或者国家图书馆网站上的"新馆漫步"栏目，利用特定设备体验虚拟环境。通过虚拟现实技术，读者可以"参观"并了解国家图书馆新馆的建筑和业务布局，还可以与虚拟环境进行交互，如变换视角、自由漫游等。这种虚拟场景的构建不仅使读者能够更直观地了解图书馆的布局和功能，还为图书馆的管理者提供了便利，可以在虚拟环境中模拟图书上架、整理和架位调整等工作，从而节省了实际操作所需的人力和物力资源。

2. 构建立体化的虚拟馆藏资源，方便读者浏览、借阅

在当今纸质文献资源和数字文献资源并存的情况下，图书馆正积极利用虚拟现实技术构建立体化的虚拟馆藏资源，以便读者更便捷地查阅、了解并借阅所需文献。这一举措旨在通过融合虚拟现实技术和图书馆信息系统，提供更具交互性和沉浸感的阅读体验。

首先，通过将 OPAC（联机公共查询目录）系统与虚拟现实技术相结合，图书馆实现了在虚拟场景中对纸质文献书目的查询、借阅和归还功能。读者可以通过虚拟环境轻松地获取所需文献信息，并进行相应的操作，如借阅、归还等，使得阅读过程更为便捷。

其次，利用虚拟现实技术与 RFID（射频识别）系统的结合，图书馆实现了虚拟场景排架，读者可以在虚拟环境中了解纸质文献的排架位置、复本信息等。这种场景化的书架布局为读者提供了更直观的阅读体验，使得他们能够更快速地找到所需图书。

第三，对文献资源的物理载体进行虚拟现实技术处理，使得读者可以在虚拟环境中产生如同在现实世界中翻阅图书的感受。通过虚拟环境，读者不仅可以浏览文献的外部特征，还可以将书中的知识以虚拟世界的形式展现出来，使得知识获取更为生动形象。

第四，利用虚拟现实技术将数字化馆藏资源转化为立体资源服务，为读者提供更为直观、准确的阅读体验。通过对数字图片资源进行三维化处理，读者可以更好地理解图书馆所提供的信息资源，从而增强阅读的教育效果。

最后，通过虚拟现实技术的支持，图书馆实现了信息资源的立体化显示，增加了读者阅读的乐趣，激发了他们的阅读欲望。例如，通过"虚拟现实阅读站"等项目，读者可以通过虚拟交互方式在计算机上翻阅电子图书，实现对电子图书的虚拟阅读，从而提升了阅读体验的质量。

3. 利用虚拟现实技术，提高读者服务质量

（1）参考咨询

随着读者信息意识的增强，传统的图书馆参考咨询服务面临着满足个性化信息需求的挑战。通过 QQ、MSN、ICQ（均为流行的即时聊天软件）等聊天工具进行的网络参考咨询虽然为读者提供了一种便捷的沟通方式，但受时空限制和咨询内容表达不清晰等因素影响，其咨询质量较低。为了解决这一问题，图书馆开始利用虚拟现实技术构建虚拟咨询场景，以提升参考咨询服务的质量和效果。

在虚拟咨询场景中，读者与参考咨询馆员之间的交流不再局限于简单的文字传递，而是通过虚拟现实技术实现了"面对面"的实景对视。通过控制浏览器，参考咨询馆员可以同步浏览读者正在浏览的页面，实现了主动和被动方角色的互换。此外，参考咨询馆员还可以利用推送技术向读者推送资源，并在读者的电脑上进行相关指导性操作，演示整个检索过程，使得读者和馆员可以实时同步地使用浏览器，提升了咨询服务的交互性和效率。

另一方面，传统的文献检索过程存在着一定的障碍，如读者不熟悉馆藏分布导致耗费大量时间寻找图书，以及图书未被放回原位等问题。虚拟现实技术可以将图书馆的整体建筑和每本图书的三维位置详细地显示在三维环境中，使读者可以在虚拟环境中查询所需图书的具体位置，并生成最优化的导航路径，从而以最短的时间获取文献，提高了图书检索的效率和便捷性。

（2）读者教育与培训

图书馆作为知识和信息资源的中心，其职责之一是开展读者教育与培训，以提高读者的信息素养和图书馆利用能力。特别是在高校图书馆，对新生开展入馆培训工作至关重要。目前，高校图书馆普遍采用多种形式，如讲座、报告会、网络视频等，重点向新生介绍图书馆的馆藏分布及文献检索知识，以帮助他们尽快适应图书馆的学习和研究环境。

　　然而，随着科技的不断发展，利用虚拟现实技术建立图书馆虚拟学习系统成为一种新的趋势。通过虚拟学习系统，学生可以在虚拟环境中进行情景式认知的学习，全方位地了解图书馆的服务、数字资源平台等信息。这种学习方式集文字、声音、动画及手控操作于一体，为学习者提供了全新的学习体验，能够有效提高其对图书馆的认知水平。

　　基于虚拟现实技术的学习虚拟场景不仅可以提供更加直观、生动的学习体验，还能够节省读者到馆学习所需的时间和费用，进而扩大了培训的规模和范围。通过虚拟学习系统，学生可以随时随地通过互联网进行学习，不再受到时间和空间的限制，从而更加方便地获取所需的知识和信息。

　　（3）提供个性化服务

　　目前，图书馆提供的个性化服务主要依赖于整合各种资源并向读者推荐相关信息的方式，但存在着服务手段落后、资源平民化等问题。然而，虚拟现实技术的应用为图书馆提供了一种全新的方法来实现个性化服务。越来越多的图书馆开始引入"我的图书馆"服务理念，这使得读者能够个性化地收集和组织数字资源。利用虚拟现实技术，图书馆可以为每位读者设计一个虚拟的馆舍，并为其设置个性化的人物角色。当读者访问"我的图书馆"时，他们就好像进入了一个装满图书资料的小型图书馆，通过简单的鼠标操作就能实现人物的移动和图书的取阅，使得读者能够身临其境，直观有效地访问和利用资源。虚拟现实技术的应用更加贴近以人为本的理念，强调了读者的使用感受。

　　虚拟现实技术的应用不仅可以真实展现图书馆的建筑特色、阅览环境和馆藏资源，而且还丰富了图书馆的服务方式，扩大了图书馆的服务范围，拓展了图书馆的功能。然而，目前虚拟现实系统所需的设备大多处于试验研发阶段，且设备价格较高，因此只有少数图书馆，如国家图书馆和 CADAL（大学图书馆国际合作计划）项目，采用了虚拟现实技术构建虚拟场景。但随着科技的不断进步，虚拟现实技术将会更广泛地应用于图书馆领域，成为图书馆技术应用的新亮点。因此，图书馆界应该密切关注虚拟现实技术的发展，并积极探索其在图书馆中的应用，以为读者提供更加人性化和个性化的服务，从而更好地体现图书馆的核心价值。

二、远程服务的推行与管理机制

（一）远程咨询与参考

1.电话咨询服务

电话咨询服务是图书馆提供的一种重要远程服务方式。读者可以通过拨打图书馆指定的电话号码，就图书馆资源、服务、检索技巧等问题进行咨询。这种服务形式简单直接，方便读者随时获取帮助。通过电话咨询，读者可以直接与图书馆的专业人员进行沟通，解决各种问题，并获得及时有效的答复和指导。为了确保电话咨询服务的质量，图书馆需要设立专门的咨询电话，确保咨询电话畅通无阻，并配备专业的咨询人员，他们应具备良好的沟通能力、丰富的知识储备和解决问题的能力。此外，图书馆还需要建立完善的电话咨询服务体系，包括咨询流程、记录方式、咨询数据统计等，以便对服务进行管理和评估，持续提升服务质量。

2. 邮件咨询服务

邮件咨询服务是图书馆另一种常见的远程咨询方式。读者可以通过发送电子邮件向图书馆提出咨询和参考问题。图书馆工作人员收到邮件后，会及时回复读者的问题，并提供相应的参考资料和建议。这种服务形式适用于一些较为复杂或需要详细解答的问题，能够为读者提供更为全面的帮助。为了保证邮件咨询服务的及时性和有效性，图书馆需要建立健全的邮件咨询处理机制，包括规范的邮件接收和回复流程、高效的信息管理系统、专业的咨询人员团队等。此外，还需要加强对读者邮件咨询的及时响应和跟踪反馈，以提高服务效率和读者满意度。

3. 在线聊天服务

在线聊天服务是一种实时性强、便捷高效的远程咨询方式。图书馆可以在其官方网站上设置在线聊天系统，读者可以通过网站实时与图书馆的工作人员进行交流和咨询。这种服务形式可以及时解答读者的问题，并提供即时帮助。图书馆需要配备专门的在线咨询团队，并提供相应的培训和支持，以确保在线聊天服务的高效运行。同时，图书馆还需要建立健全的在线聊天服务管理机制，包括规范的咨询流程、实时监控和反馈机制等，以及完善的在线咨询记录和信息保密措施，确保服务质量和读者信息安全。

（二）远程借阅与交付

1. 线上借阅申请

在图书馆提供的官方网站或移动应用程序上，读者可以方便地进行线上借阅申请。首先，读者需要填写借阅申请表格，其中包括个人身份信息以及所需借阅的书籍或文献资源的相关信息。借阅申请提交后，图书馆工作人员会及时处理，并根据读者的选择进行书籍或文献资源的准备和配发。线上借阅申请提供了一种便捷的方式，使读者无须到图书馆现场即可完成借阅申请，节省了时间和精力。

2. 文献交付服务

针对通过线上借阅申请获得借阅资格的读者，图书馆提供文献交付服务。一旦借阅申请得到批准,图书馆会与快递公司或物流公司合作,将借阅的书籍或文献资源送达读者指定的地址。在进行文献交付时,图书馆需要建立高效的物流配送网络,确保书籍或文献资源能够及时、安全地送达读者手中。同时,图书馆还需要制定详细的交付流程和标准操作规范,包括订单处理、包装打包、送货跟踪等环节,以保证服务的顺利进行。

3.远程还书服务

为了方便读者返还已借阅的书籍或文献资源,图书馆提供了远程还书服务。读者可以选择将书籍或文献资源通过快递或邮寄方式寄回图书馆。一旦图书馆收到书籍,工作人员将及时进行登记和处理。为了确保远程还书服务的顺利进行,图书馆需要设立专门的远程还书地址,并提供读者所需的邮寄标签或包装指南,以确保书籍能够安全快速地返回到图书馆。

第五章　图书馆推广策略与活动设计

第一节　营销策略与品牌建设

一、图书馆品牌建设的重要性与方法

（一）图书馆品牌的概念

1.品牌是什么

品牌，源自古挪威文字"brandr"，意为烙印，最初用于标记家畜等所有物。随着社会经济活动的发展，品牌概念逐渐演变成为以符号为标识，凸显产品品质的重要方式，进而在市场运行中得到广泛认同。早期的品牌主要以符号的形式存在，在西方和中国都有早期的品牌实践，比如中国西周时期陶器上的信用制度即早期的品牌体现之一。然而，直到20世纪50年代，品牌概念才由奥美创始人大卫·奥格威提出，而在中国，品牌概念的应用相对较晚，1979年版的《辞海》中还没有对品牌进行专门解释。

关于品牌的定义众说纷纭。奥格威认为，品牌是一种错综复杂的象征，是名称、属性、包装、价格、历史、声誉、广告方式等多个因素的综合体。而美国市场协会则将品牌定义为用于区分一个或一组出售者的产品或劳务的名称、名词、符号、象征、设计或其组合。国际品牌标准化手册认为，品牌是一个集合概念，包括品牌的外部标记、品牌识别、品牌联想、品牌形象等内容。虽然有不同的定义，但无论哪种类型，品牌都具有独特的辨识性、信誉和品质、资产所有权等共性。

在商业领域，品牌代表了商品的品质，代表了市场和财富，因而备受商业领袖和企业家的重视。然而，品牌的最终价值来自公众的认知和接受，因此，评估品牌的价值时必须以公众为中心。正是因为这一特性，品牌的理念、思维和方法也被广泛应用于商业以外的领域。

在图书馆领域，品牌的概念和方法同样具有重要意义。图书馆通过运用品牌

的概念和方法，可以更有效地凸显自身的服务、专业能力和独特价值认同。品牌的终极裁判权来自公众，因此，以服务读者为宗旨的图书馆行业可以通过建立自己的品牌，实现服务的最大化效益。通过品牌的建设，图书馆可以更好地与读者进行沟通和互动，提升读者对图书馆的认知和信任，从而实现更好的服务效果和社会影响力。

2. 图书馆品牌是什么

图书馆品牌的概念是一个复合性的概念，既包含有商业领域的品牌标识和运营内涵，同时也深受图书馆这一机构的社会职能和使命所影响。图书馆品牌建设的基础在于图书馆的定位、管理理念以及组织文化对全体员工的价值传递。市场化是品牌化的必要前提，而图书馆品牌的最终考核标准是市场的溢价率。在图书馆领域，市场化的表现体现为读者的参与和认同。公众对图书馆的看法和印象是图书馆品牌建立的前提，而图书馆需要提供便捷、公益、开放的服务，并且具备丰富的藏书、优美的环境以及各种类型的阅读活动，这些都成为读者对图书馆的重要认知。此外，图书馆员的职业使命也会影响着图书馆品牌的形成。例如，杭州图书馆以"不拒绝任何一位读者，无论其身份如何"的理念支撑下的服务，塑造了一座温情的图书馆；上海图书馆则以"追求卓越"的理念，积淀了其优秀的专业品质。这些图书馆理念的追求提升了图书馆行业的社会认同度。

基于品牌的内涵、图书馆的定位、社会公众对图书馆的期待与需求以及图书馆人的价值追求，我们可以将图书馆品牌定义为：能够体现图书馆功能职责和价值理念，并通过图书馆的资源和馆员的价值传递，形成的满足读者和社会需求的一套显著服务和标识系统。它具备如下三个方面的内涵：首先，品质服务的保证，这意味着图书馆为读者提供的服务不仅仅是贴合需求的，更是一种优质服务的承诺，因为品牌的建设通常能够体现出图书馆的信誉，并且集聚相对优质的资源与人力，从而能够集中地代表图书馆形象。其次，对于图书馆的认同，这意味着读者对图书馆服务的认同和参与，不仅包括来图书馆体验服务，还包括读者可能提供的知识服务和志愿服务等。最后，良好的互动，优秀的品牌建设可以凝聚多方资源与人脉，进而形成圈层效应，实现良好的互动，这将成为图书馆创新服务及创意衍生的基础。因此，图书馆品牌的建设不仅仅是一种外在形象的打造，更是图书馆使命和价值观的内在体现，是图书馆与社会公众之间关系的深化和互动的载体。

（二）图书馆品牌建设内容

1. 图书馆品牌定位

图书馆的品牌定位是品牌建设的基础，其核心考量因素是目标人群。如表 5-1 所示，根据读者来图书馆的行为与目的，我们可以将读者分为三种类型：休闲型、学习型和研究型。对于休闲型读者，图书馆品牌应重点致力于满足其休闲阅读与文化交流需求。这些读者走进图书馆并无明确目标，更注重环境与体验的舒适度、情感交流等方面的需求。因此，图书馆在品牌建设中需要提供温馨舒适的阅读环境，丰富的文化活动和展览，以及友好亲切的服务态度，以吸引和留住这一读者群体。

表 5-1　三种目标人群的特征及需求分析

类型	目标	交流建立的可能性	环境和空间要求	资源要求	馆员要求
休闲型	不明确	高	优美舒适	休息、流行	需要沟通能力
学习型	满足学习	一般	安静舒适	资源丰富	服务和保障能力
研究型	满足研究	低	低	资源股份专业保障	需要文献和咨询专家

对于学习型读者，图书馆品牌定位需要更加注重学习空间和学习环境的建设，提供更长的开放时间等，以满足学术讨论与交流的需求。这类读者通常进入图书馆是为了获取知识、进行学习和研究，因此，图书馆在品牌建设中需要提供丰富的学术资源、专业的学术服务和研究支持，如提供研究辅助工具、专业数据库和学术期刊等，以满足他们的学术需求。

而对于研究型读者，图书馆的品牌定位应更加注重在采购资源、构建便捷的资源获取手段和提供精准的文献服务等方面。这类读者通常是专业的研究人员或学者，他们需要获取最新、最全面的学术资料和文献，因此，图书馆在品牌建设中需要加大对学术资源的投入，提供高水平的文献检索与传递服务，以满足他们的研究需求。

此外，图书馆在面对不同的群体时，如幼儿、老年或残障人士等，也需要根据其特殊需求和特点进行差异化的品牌定位和服务提供。因此，图书馆品牌建设过程中，精准的定位意味着更为精准的服务，需要不断地深化对不同读者群体的需求了解和品牌策略的调整，以实现更好地服务社会大众的目标。

2. 图书馆品牌产品的组成

图书馆的品牌产品由多个组成部分构成，这些部分反映了图书馆作为一个文化、知识和服务机构的多重属性。首先是服务品牌，即图书馆提供的服务方式、模式和内容。这包括图书馆的开放时间、借阅政策、信息咨询服务、阅读空间设计等，这些服务形式直接影响到读者的体验和满意度，是图书馆品牌最广泛的体现形式。

其次是资源品牌，指的是图书馆通过收集、整理和传播知识形成的具有强大磁吸能力与服务能力的资源库。这些资源可以包括印刷书籍、电子资源、数据库、特藏文献等，它们代表了图书馆的知识储备和学术支持能力，是图书馆品牌建设的重要组成部分。

图书馆的建筑或环境品牌也是重要的一部分。图书馆因其建筑特征具备突出吸引力或与大自然融汇一体，提升了城市的品位，或打造了一系列主题独特、环境优美、和谐自然的阅读和创新空间。这些特色建筑和环境不仅是图书馆的物质载体，更是传递图书馆文化内涵和服务理念的重要窗口。

还有产品品牌，即文化创意品牌，指的是图书馆基于自身的特征、人文、藏书和服务等优势打造出的适应读者需求、能够得到市场肯定的文化创意产品。这些产品可能包括展览、讲座、文化活动、创意商品等，通过丰富多彩的形式展现图书馆的文化魅力和创新能力。

另外还有制度品牌，即图书馆建立的制度成为某类典范，如法人治理制度设计、总分馆制度设计或采购驱动制度设计等。这些制度的建立和运行体现了图书馆的管理水平和服务效能，是图书馆品牌形象的重要组成部分。

3. 图书馆品牌的标识与运营

图书馆的品牌标识系统是品牌外在设计的核心，它包括品牌名称、Logo（标识）、形象、色彩和图案设计等元素。这些标识不仅仅是对图书馆身份和形象的象征，更是对其地域、文化、服务理念等方面的表达和体现。例如，湖南图书馆的标识以一个书的形象为主体，蕴含了"三湘四水"的地域特色，展现了图书馆与湖南地域文化的紧密联系。

品牌运营是图书馆品牌建设的重要环节，它涵盖了品牌的使用、传播、保护、发展、创新等方面。其中，品牌的传播是至关重要的，它包括公共传播、自媒体传播和口碑传播等多种方式。通过这些传播方式，图书馆可以加强与读者之间的文化和情感联系，提升服务科技含量、品质和空间，满足不断变化的读者需求。

在品牌运营过程中，图书馆需要注重内部管理和运营的提升，以提高效率、节省成本，并保持服务质量的稳定和持续提升。此外，品牌的发展和创新也是至关重要的，图书馆应当不断引入新的知识、技术和资源，丰富品牌内容，引导服务的深入，提升行业竞争力。

图书馆员在品牌运营与管理中发挥着不可或缺的作用。他们需要密切沟通，使馆员和用户理解图书馆的服务品牌定位，从而传递服务理念和进行价值陈述。在人员更替过程中，图书馆应该保持一致性和适应性，以保障服务质量和科学合理的品牌运营与管理方式。

（三）图书馆品牌的属性和特征

图书馆是公共文化服务机构，承担了传播和传承文化、传递知识与文献服务等职能，因而，图书馆品牌相对于其他品牌，以下属性或特征更加显著。

1. 意识形态属性

图书馆作为公共文化服务机构，承担着传播和传承文化、传递知识与文献服务等重要职能，其品牌具有显著的意识形态属性。由于图书馆是人类文化知识信息的门户，其所传递的知识和文献服务对读者、社会以及其他服务参与者的思想观点、价值立场、人生态度和世界观等都具有一定的影响力。虽然图书馆在人们意识形态形成过程中并不起决定性作用，但其潜在影响却不可忽视。图书馆品牌的意识形态属性意味着在品牌设计与规划中必须认真考虑其文化特性，理解其服务对社会的意义与影响。图书馆品牌管理者应当把握时代脉搏，顺应文化潮流，设计符合社会和大众需求的品牌项目与方案，以更好地传递文化价值和服务理念。

品牌意识形态属性对图书馆品牌的建立、运营和设计等管理方面都带来了挑战。由于图书馆服务所涉及的内容涵盖了多元的文化、思想和价值体系，因此在品牌设计和运营过程中需要更加细致地考虑如何与不同文化背景的读者进行沟通和互动。图书馆员应当密切关注社会的变化和需求，及时调整和完善图书馆的品牌形象和服务内容，使其能够与时俱进，更好地满足读者的需求。

在品牌建设中，图书馆可以通过创新的服务模式和内容设计，积极响应社会的变革和发展，提升品牌的影响力和竞争力。例如，可以开展多样化的文化活动和知识服务，吸引更多的读者参与，推动图书馆品牌的传播和认可。此外，图书馆还可以借助现代科技手段，打造数字化图书馆、智能化服务等，以满足读者日益增长的多样化需求，进一步巩固和提升品牌的意识形态属性。

2. 领导力特征

图书馆作为公共文化服务机构，其品牌具备领导力特征，能够凝聚更多的读者和利益相关者，成为文化的引导力。品牌的建立和发展使图书馆能够建立起与读者、社会以及其他利益相关者之间的情感联系，形成利益共同体，实现价值的传递。通过品牌的认可和认同，图书馆得以树立良好的公信力，为政府树立良好的形象，发挥出领导力的作用。

图书馆品牌的领导力特征体现在两个方面：一方面是让读者认同图书馆的形

象和服务。通过提供优质的服务和丰富多彩的文化活动，图书馆可以吸引更多的读者，树立起良好的品牌形象。另一方面，图书馆还要让读者认同其所服务的政府及其文化，为政府树立良好的公信力，成为政府文化事业的重要组成部分。

图书馆品牌的领导力特征在品牌的建设和运营过程中发挥着重要作用。品牌管理者应该注重塑造图书馆的品牌形象和服务理念，树立起图书馆的领导地位，吸引更多的读者和利益相关者参与到图书馆的活动中来。同时，图书馆还应该与政府和其他相关机构密切合作，共同推动文化事业的发展，为社会文化进步做出贡献。

3. 公益属性

作为公共文化服务机构，图书馆品牌具备强烈的公益属性。图书馆的服务是面向公众免费提供的，强调公平、公正和公益性。读者在享受图书馆基本服务的过程中无须支付费用，这体现了图书馆品牌的公益属性。

尽管图书馆的服务具备公益属性，但其品牌所提供的服务或产品却往往具有更高的品质，能够带给读者更好的服务体验。通过品牌的建设和推广，图书馆可以吸引更多的读者，提升社会文化素质，促进知识的传播和交流。

除了基本服务外，图书馆还可以通过文化创意产品等方式拓展其公益属性。例如，图书馆可以推出与文化相关的特色产品或活动，吸引更多的读者参与。这些文化创意产品不仅能够丰富读者的阅读体验，还可以成为图书馆的另一种收入来源，为图书馆的运营提供支持。

尽管图书馆品牌具备公益属性，但并不意味着其与商业行为完全无关。图书馆仍然可以通过推出文化创意产品等方式，实现商业化运营，为图书馆的发展提供资金支持。这种商业化运营与公益属性并不矛盾，相反，可以相辅相成，促进图书馆品牌的健康发展。

4. 区域特性

图书馆品牌的区域特性主要体现在两个方面：一是基于某地的文化和自然特征而产生，具备鲜明的属地性；二是服务对象或产品的流通具有明显的区域性，主要面向本地居民。

图书馆品牌通常深受所在地区文化的影响，反映了当地的历史、人文、自然等特色。例如，某些图书馆可能会举办与当地传统文化密切相关的展览或活动，以此彰显区域特性，并吸引更多的读者参与。

另一方面，图书馆的服务对象通常主要面向本地居民，因此其服务具有较强的区域性。虽然现代通信技术和数字化服务已经使图书馆的服务能够跨越地域限制，但图书馆仍然是以服务本地社区为主要目标。

由于图书馆品牌的区域特性，其品牌设计与运营往往受到当地文化和社会环境的影响。图书馆需要结合当地的特色和需求，设计出符合本地读者口味的服务和活动，从而提升品牌的吸引力和影响力。

同时，图书馆品牌的区域特性也意味着其运营模式具有一定的可模仿性和可复制性。不同地区的图书馆可能会采用相似的服务模式和运营策略，但在具体的内容设计和实施上会有所差异，从而形成丰富多样的品牌形象。

5.创意属性

图书馆品牌的创意属性体现在其不断探索新的服务方式、活动形式和资源整合，以满足读者需求，推动文化传承和创新。

创新对于文化事业和文化产业的发展至关重要，而图书馆作为公共文化服务机构，其品牌也需要不断注入创意元素，以提升品牌价值和影响力。

图书馆品牌的创意体现在多个方面：首先是服务方式的创新，例如引入新的技术手段改善图书馆的数字化服务、智能化管理等；其次是活动形式的创新，包括举办具有创意性和吸引力的文化活动、展览、讲座等；第三是资源整合的创新，通过整合图书馆内外部资源，创造出更多元化、个性化的服务内容。

图书馆应该积极跟进新技术的发展，结合数字化、人工智能等技术，开发出更加智能化、便捷化的服务模式，以提升服务效率和用户体验。

除了技术创新，图书馆还应该注重管理理念的创新，例如引入读者参与式管理模式，激发读者的创意和参与热情，共同打造更具创意的图书馆品牌。

图书馆品牌的创意属性不仅体现在服务和活动上，还应该在品牌宣传和推广上注入创意元素，通过精彩的宣传活动和创意营销手段，吸引更多读者关注和参与。

（四）建立品牌的路径

打造高品质的产品和服务。卓越的品质、质量与信誉是品牌的核心，最优质的品质塑造出最优质的品牌。图书馆服务满足读者个性化、文化性和情感性的需求，为读者创造出更多的价值，皆因卓越的品质。图书馆因文献、建筑、环境与氛围、馆员和服务构建起品质，也因文化或情感的联系带来满足于读者的愉悦感、活力感、冲击感、充足感、宁静感、安心感、健康感、治愈感、净化感等阅读体验。图书馆品牌的建立来源于读者又服务于读者并终将为读者所评价，其价值最终体现在读者的满意度上。建立优秀的品牌管理团队。优秀的管理团队是品牌的基础保障。品牌的成功首先来自创新，来自塑造，更来自保护与运营，这就需要我们有优秀的管理团队。管理要理解行业的发展特征，要紧贴读者的需求变化，还要寻求法律对图书馆投入资源的保护以及对品牌成果的保护。追求持续的品牌创新。创新是品牌不断成长的动力。图书馆应结合自身的特色与资源、结合区域的文化传承与地理载体，量体裁衣、与时俱进，通过持续不断地创新，在平凡中走出一条不平庸的服务创新之路，构建起利益共同体与参与方共同投入的平台，建立起独特又高度契合自我个性的新的服务模式。

二、营销策略的设计与实施

（一）图书馆营销内涵及意义

1. 图书馆营销内涵

图书馆营销是在信息经济大环境的背景下产生的，它是一系列具有市场性质的行为，旨在增强图书馆的市场影响力和竞争力，促进图书馆的长远发展。在现代营销理念的指导下，图书馆营销通过深入了解用户的需求，开发多样化的信息服务模式，从而更好地满足用户的需求，提升服务质量，增加用户满意度，进而实现图书馆的可持续发展。

我国图书馆营销理论研究始于 20 世纪 90 年代初，经历了理论引入、理论实践和互联网带来图书馆营销繁荣等阶段。在整个营销过程中，图书馆需要对内外环境进行有效分析。内在个体环境包括图书馆的宗旨、目的、任务、组织层级和定位等因素，而外在整体环境则包含经济、文化、科技等多个方面的要素。准确分析图书馆营销环境，可以避免营销规划的错误，同时也能为社会大众提供高质量的文化服务，实现图书馆发展与社会公众利益的有机统一。

图书馆营销的核心在于满足用户需求，提升用户体验。图书馆需要不断创新服务模式，提供丰富多样的信息资源和服务项目，以吸引更多的读者，并通过市场营销手段，将读者的需求转化为图书馆的服务行为。此外，图书馆还应该加强品牌建设，树立良好的品牌形象，提升市场竞争力。在营销过程中，图书馆需要积极借助信息技术手段，拓展线上服务渠道，提升服务效率和便捷性，更好地满足用户的需求。

2. 图书馆营销意义

在信息时代下，图书馆营销活动的意义不可忽视，它对图书馆的发展和服务能力提升起着重要作用。

首先，随着信息技术和网络技术的迅速发展，图书馆在信息服务中的垄断地位受到挑战。过去，图书馆是获取信息的主要场所，但现在，随着互联网的普及和其他信息渠道的发展，图书馆的信息服务不再占据绝对优势，客户流失成为一个严峻的问题。通过开展市场营销活动，图书馆可以更好地了解用户需求，提供更符合用户期待的服务，从而增强自身竞争力，应对信息时代的挑战。

其次，积极开展营销活动可以改变图书馆的产品形式和服务模式，提升社会大众对图书馆的认知和了解。通过有效的营销手段，可以向社会传递图书馆的服务理念、文化内涵和创新成果，增强社会大众对图书馆的认同感和支持度。这不仅有助于改善图书馆的形象，也有利于吸引更多的读者和用户，推动图书馆的良性发展。

图书馆作为为社会大众提供信息服务的重要机构，其社会效益至关重要。通过市场营销工作的开展，图书馆可以最大限度地发挥其服务功能，满足社会大众对文化服务和信息服务的需求，实现社会效益的最大化。这不仅有利于提升图书馆在社会中的地位和声誉，也有助于促进社会文化的进步和发展。

（二）图书馆营销策略建设

1.产品策略

（1）有形产品

图书馆的有形产品主要包括各类图书、期刊、影像制品以及其他馆藏物品。这些产品在图书馆营销中扮演着重要角色，因为它们直接关系到读者的需求满足和阅读体验。在营销活动中，图书馆需要对有形产品进行全面分析，包括产品的投入、成长、成熟和衰退阶段。针对不同阶段的产品，图书馆可以采取不同的营销策略，比如针对新推出的图书进行促销活动，提高读者的关注度和借阅率；对于成熟期的产品，可以通过特别主题展览或读者推荐等方式，延长其产品生命周期，提高利用率。

（2）无形产品

图书馆的无形产品主要指文献外借、阅览服务、馆际互借、馆员指导等服务。这些服务对于提升图书馆的市场竞争力和吸引力至关重要。在制定营销策略时，图书馆需要重视无形产品的特点和用户需求，提供多样化、个性化的服务。例如，针对不同群体的读者，可以推出定制化的服务计划，满足其个性化的阅读需求；同时，通过提供在线预约、图书推荐、学术指导等增值服务，提升读者对图书馆的满意度和忠诚度。

2.价格策略

（1）政府资金支持

图书馆在制定价格策略时需要考虑政府对其提供的资金支持情况。政府资金是图书馆经营和服务的重要来源,因此图书馆需要充分考虑政府资金的使用效率,确保各项服务的价格和收费标准合理,以达到最佳的成本效益。同时,图书馆还应透明公开地向社会公众展示资金的使用情况,增强社会对图书馆的信任度。

（2）读者接受能力

在制定具体的定价活动时,图书馆需要综合考虑读者的接受能力。因为图书馆的服务对象主要是社会大众,他们对服务价格的敏感度会直接影响到图书馆的服务接受程度。因此,图书馆需要进行市场调研,了解读者的消费习惯和支付能力,合理制定价格策略,确保收费的公平性和合理性,避免因定价不当而引起读者流失等问题的出现。

3.服务策略

（1）多层次服务

随着信息时代的发展,图书馆的服务范围不断扩大,服务类型也日益丰富。图书馆不再仅仅提供基本的借阅服务,还包括信息咨询、学术指导、数字资源服务等多种形式的服务。因此,在制定服务策略时,图书馆需要充分考虑不同层次、不同类型的服务需求,确保能够满足用户的多样化需求,实现服务的全面覆盖。

（2）硬件设施和服务品质

图书馆的服务品质不仅受到硬件设施的影响,还受到馆员专业素养和服务态度等因素的影响。因此,在提供服务的过程中,图书馆需要重视硬件设施的建设和更新,同时加强馆员的培训和素质提升,提高服务水平和质量。只有以上的产品、价格和服务策略,图书馆可以更好地满足用户需求、提升市场竞争力。

（三）图书馆营销策略运用要点

1.优化图书馆营销资源配置

（1）营销人才培养与配置

图书馆的营销活动需要专业的人才来执行和管理。因此,图书馆应该重视对营销人才的培养和选拔。通过开展内部培训课程、参加外部营销培训项目以及招聘具有营销经验和专业知识的人才,图书馆可以建立起一支专业化、高效率的营销团队。同时,根据不同的营销任务和目标,合理配置营销人员的工作职责和分工,确保营销资源的最大化利用。

（2）资金预算与筹资

在制定营销计划的同时,图书馆需要对营销活动所需的资金进行合理预算。这涉及对营销活动各个方面的成本估算,包括市场调研、推广费用、人力资源等。在预算过程中,图书馆应该综合考虑现有资源和预期收益,确保资金的合理分配和使用。除了依靠政府拨款外，图书馆还可以通过合作伙伴关系、赞助活动等方式筹集资金，确保营销活动的顺利实施。

2. 普及图书馆营销相关知识

（1）宣传与培训

为了增强全体工作人员的营销意识和能力，图书馆应该开展相关知识的宣传和培训活动。这包括组织内部会议、讲座、研讨会等形式，向工作人员介绍营销的基本概念、方法和技巧。通过培训，图书馆可以提升工作人员的专业水平和服务意识，为营销活动的顺利开展打下基础。

（2）建立内部反馈机制

图书馆可以建立内部反馈机制，鼓励工作人员分享营销经验和案例，促进营销知识的传播和共享。通过定期举办经验交流会、内部竞赛等活动，激发工作人员的积极性和创造性，提高整体营销水平。

3. 创新图书馆营销体系

（1）社会合作与资源整合

图书馆可以与其他机构、企业建立合作关系，共同开展营销活动。通过资源整合和互惠互利的方式，图书馆可以获得更多的支持和资源，扩大营销覆盖面和影响力。例如，与当地企业合作举办文化活动、赞助图书采购等。

（2）积极探索新媒体营销

随着互联网和社交媒体的普及，图书馆可以积极探索新媒体营销的方式和渠道。通过建立网站、开展社交媒体推广、发布电子期刊等方式，图书馆可以实现信息的快速传播和互动，吸引更多的读者和关注。

（四）建设图书馆服务品牌

品牌意识是图书馆营销活动中需要考虑的重要因素，同时也是提升图书馆营销工作开展质量的重要举措。在图书馆营销活动中，品牌是指图书馆所拥有的馆藏资源、信息产品、个性化服务等优势。服务品牌的建设包含以下几个要点：

1. 积极深入市场开展调查工作

（1）调查市场需求与竞争分析

图书馆应当积极开展市场调查，深入了解用户对文化服务和信息服务的需求，以及市场上其他竞争对手的情况。通过用户调研、问卷调查、焦点小组讨论等方式，图书馆可以获取用户的反馈和意见，进一步了解他们的需求和偏好。同时，对竞争对手的情况进行分析，包括其他图书馆、电子图书平台、在线教育机构等，了解其服务内容、定价策略、市场定位等信息，为图书馆制定营销策略提供参考。

（2）整合特色资源打造品牌

通过市场调查和竞争分析，图书馆应当明确自身的优势和特色资源，并加以整合，打造自己的品牌形象。这些特色资源可以包括馆藏丰富的图书和期刊、独特的文化活动、个性化的服务模式等。图书馆可以通过品牌推广活动、宣传栏目、社交媒体平台等方式，向用户展示自己的特色和优势，提升品牌知名度和美誉度。

2. 加强自身的品牌管理

（1）构建品牌管理体系

图书馆需要建立起系统完善的品牌管理体系，确保品牌形象的一致性和稳定性。这包括品牌标识、形象设计、品牌口碑管理、品牌推广等方面。通过建立品牌管理部门或委员会，明确品牌管理的责任和权限，制定品牌管理手册和标准操作程序，加强对品牌形象的监控和管理。

（2）培养高素质的管理与服务团队

图书馆应当重视人才培养和团队建设，培养一支高素质的管理与服务团队，为品牌建设提供有力支持。通过招聘、培训、激励等方式，吸引和留住优秀的员工，提升他们的专业水平和服务意识。图书馆管理团队需要具备良好的沟通能力、团队协作能力和问题解决能力，积极推动品牌建设和营销活动的开展。

3. 总结更新营销经验

（1）定期营销经验总结

图书馆应当定期对营销活动进行经验总结和评估，及时发现问题并加以改进。通过收集、整理和分析历次营销活动的数据和结果，总结成功经验和教训，为未来的营销策略和活动提供参考和指导。这种经验总结可以通过内部会议、专题报告、经验交流会等形式进行。

（2）不断优化营销策略

基于经验总结的结果，图书馆应当不断优化和调整营销策略，提高营销活动的针对性和有效性。在制定新的营销计划和策略时，应考虑历次经验总结的教训，避免重复犯错，确保营销活动的顺利实施和预期效果的达成。同时，图书馆还可以结合市场反馈和用户需求，及时调整和优化产品、价格和服务策略，不断提升品牌形象和市场竞争力。

第二节　宣传推广活动策划

一、活动主题与内容设计

（一）设计吸引读者的活动主题

活动主题应当紧密围绕图书馆的服务宗旨和读者需求，具有吸引力和感染力。例如，可以选择与当下社会热点相关的主题，或是结合图书馆的特色资源进行设计。比如，可以以"探索科技与人文的交汇"为主题，组织一系列关于科技与人文结合的讲座、展览和工作坊，吸引科技爱好者和文学爱好者共同参与。

（二）内容设计

活动内容设计是现代图书馆宣传推广活动中至关重要的一环。为了满足不同读者群体的需求和兴趣，活动内容应当多样化和丰富。其中包括读书分享会、作品展览和专题讲座等形式。

读书分享会是一种能够激发读者阅读兴趣和热情的重要活动形式。通过邀请知名作家、学者或书评人分享自己的阅读体会和心得，读者们可以借此了解到不同书籍的内涵和价值，拓宽自己的阅读视野，激发阅读兴趣。

作品展览是展示图书馆收藏的特色藏品或读者捐赠的作品的有效方式。展览内容涵盖绘画、摄影、手工艺等多种形式，通过精美的展示和生动的介绍，吸引读者参观和欣赏，同时丰富了图书馆的文化内涵。

专题讲座也是宣传推广活动中不可或缺的一部分。通过邀请行业专家或学者进行相关主题的讲座，如文学、艺术、历史、科技等，图书馆可以为读者提供更多领域的知识和见解，拓宽读者的学术视野和思维广度。

二、宣传渠道与方式选择

（一）选择合适的宣传渠道

根据目标读者群体的特点和活动形式的特点，选择合适的宣传渠道。可以包括：

1. 传统媒体

传统媒体仍然是一种重要的宣传渠道。通过报纸、广播、电视等传统媒体进行宣传，可以有效提高活动的曝光度和知名度。尤其是针对一些老年读者或习惯于接受传统媒体信息的群体，传统媒体的宣传效果可能更为显著。

2. 新媒体

新媒体已经成为宣传推广活动的重要平台。利用社交媒体平台如微博、微信等以及图书馆自己的微信公众号，可以发布活动信息、推送活动内容，吸引更多年轻读者的关注和参与。新媒体的特点是信息传播速度快、传播范围广，适合于各类活动的快速宣传和互动交流。

3. 校园宣传

校园宣传也是一种有效的方式。通过与学校合作，可以利用校园广播、校园海报、校园电子屏等方式进行宣传，直接面向学生群体进行宣传推广。尤其是对于一些涉及学习和教育内容的活动，校园宣传可以更好地吸引目标读者群体的关注和参与。

（二）宣传方式选择

在进行宣传方式选择时，应采取多种方式相结合的策略，以强化宣传效果并吸引更多目标读者的关注和参与度。

其一，可以制作宣传海报、宣传册等宣传物料，并在图书馆内部张贴和派发。这些宣传物料可以包含活动的时间、地点、内容、亮点等信息，吸引读者的眼球并引起他们的兴趣。通过在图书馆内部进行宣传，可以直接接触到图书馆的核心读者群体，提高活动的知名度和关注度。

其二，制作宣传视频或宣传动画，并发布在社交媒体平台上，可以吸引更多年轻读者的关注和分享。视频具有形象生动、直观感受的特点，可以更好地传达活动的氛围和亮点，引起读者的共鸣和参与欲望。在社交媒体平台上发布视频，可以迅速扩散活动信息，吸引更广泛的读者群体的关注和参与。

其三，利用校园活动或社区活动进行现场宣传也是一种有效的方式。可以在学校或社区组织类似的活动，并在现场设置宣传展台或宣传牌，向现场观众介绍活动的内容和亮点，吸引他们的参与和关注。现场宣传能够直接接触到潜在的读者群体，并通过面对面的交流方式，更加生动地传达活动信息，提高参与度和互动性。

三、活动组织与实施

（一）组织活动筹备工作

在组织活动筹备工作中，场地预订、嘉宾邀请和物资准备是至关重要的环节。

这些工作的顺利进行直接影响着活动的成功举办和参与者的体验。

1. 场地预订

场地预订是活动筹备的首要任务之一。选择合适的场地对于活动的顺利进行至关重要。以下是场地预订工作的一些具体步骤和注意事项：

（1）确定活动需求

确定活动需求是指需要明确活动的规模、性质和预期参与人数。这有助于确定需要的场地类型和规模。

（2）场地选择

场地选择是指根据活动的特点，选择合适的场地。这可能是会议室、展览馆、剧院、宴会厅或户外场地等。

（3）预订流程

预订流程是指了解场地的预订流程和规定，包括预订时间、费用、取消政策等。及时与场地管理方联系并完成预订手续。

（4）考虑设施设备

考虑设施设备是指确保所选场地具备必要的设施设备，如音响设备、投影仪、座椅、桌子等，以满足活动的需求。

（5）安全考虑

安全考虑是指关注场地的安全性，包括消防安全、紧急出口、应急设施等，确保参与者在活动中的安全。

2. 嘉宾邀请

嘉宾的邀请是活动成功的关键因素之一。合适的嘉宾可以为活动增添专业性和吸引力。以下是嘉宾邀请的一些具体工作和注意事项：

（1）确定嘉宾类型

确定嘉宾类型是指根据活动的主题和目的，确定需要邀请的嘉宾类型，如专家学者、行业领袖、知名作家或艺术家等。

（2）联系邀请

联系邀请是指通过邮件、电话或正式邀请函等方式，与目标嘉宾联系并邀请参加活动。说明活动的主题、目的、时间、地点以及对其的期望和希望。

（3）安排细节

安排细节是指在嘉宾确认参加后，与其协商并确定具体的参与安排，包括演讲主题、时间安排、交通住宿等细节。

（4）专业支持

专业支持是指为嘉宾提供必要的支持和便利，确保其参与顺利，如提供行程安排、接待服务等。

3. 物资准备

物资准备是活动筹备中不可忽视的一环，直接关系到活动的顺利进行和参与者的体验。以下是物资准备的一些具体工作和注意事项：

（1）宣传物料

准备活动宣传物料，包括海报、传单、宣传册等，用于向目标受众宣传活动信息。

（2）礼品奖品

精心准备活动礼品奖品，以奖励参与者和增加活动趣味性。可以是纪念品、小礼品或特别奖品等。

（3）活动道具

活动道具是根据活动的主题和形式，准备必要的活动道具，如装饰品、布置物、签到表、背景板等，用于营造活动氛围。

（4）其他物资

根据活动需要，可能还需要准备其他物资，如水、茶水、点心、纸笔等，以确保参与者的基本需求。

（二）确保活动顺利进行

在活动实施阶段，现场组织和管理工作至关重要，它直接关系到活动的顺利进行和参与者的满意度。以下是确保活动顺利进行的关键步骤和具体措施：

1. 现场布置

现场布置是营造良好活动氛围和提升参与者体验的重要环节。在活动开始前，需要进行详细的现场布置工作，包括但不限于：

（1）场地布局设计

根据活动的性质和规模，设计合理的场地布局图，确保参与者能够顺利流动，并能够轻松找到各项活动区域。

（2）展台搭建

如果活动中需要设置展台，需要提前安排工作人员进行展台搭建工作，并保证展台的美观和稳固。

（3）展品摆放

将展品按照设计布局摆放到指定位置，保证展示效果和视觉效果。

（4）讲台设置

如果有演讲环节或重要讲话环节，需要设置演讲台或讲台，确保讲者能够清晰地与参与者进行交流。

2. 活动引导

活动引导是为了帮助参与者更好地了解活动内容和流程，提供必要的帮助和指导。具体工作包括但不限于：

（1）工作人员安排

安排专门的工作人员负责现场引导和服务，他们需要熟悉活动内容和流程，并能够提供及时有效的帮助。

（2）参与者接待

对参与者进行热情接待，引导他们进入活动场地，并提供必要的信息和指引，如活动日程、地点等。

（3）问题解答

当参与者遇到问题或有疑问时，工作人员需要及时提供解答和帮助，确保参与者能够顺利参与活动。

3. 活动记录

活动记录是为了及时记录活动过程和收集参与者反馈，为后续活动评估和改进提供参考。具体工作包括但不限于：

（1）数据收集

通过现场观察和参与者反馈，收集活动相关数据和信息，包括参与人数、参与者反馈、活动效果等。

（2）记录整理

对收集到的数据和信息进行整理和归档，确保数据的准确性和完整性。

（3）评估分析

在活动结束后，对收集到的数据进行评估和分析，总结活动的优点和不足，并提出改进意见和建议。

第三节 社区参与合作伙伴关系建立

一、社区参与活动的开展与管理

（一）社区需求调研

1. 问卷调查

开展针对社区居民的问卷调查是了解他们阅读需求和偏好的重要途径。通过设计合适的问卷，涵盖阅读兴趣、喜爱的图书类型、阅读频率等方面的问题，可以全面了解社区居民的阅读习惯和需求。在调查过程中，应充分考虑问卷的设计和发放方式，确保问卷能够覆盖到尽可能多的社区居民，以获取更准确的数据。

2. 座谈会

除了问卷调查，举办座谈会也是了解社区需求的有效方式。通过邀请社区居民参加座谈会，可以直接听取他们的意见和建议。在座谈会上，可以就图书馆的服务内容、活动形式、服务时间等方面进行深入交流，了解社区居民的实际需求和期望。同时，座谈会也是增进图书馆与社区居民之间沟通和互动的平台，有助于建立良好的社区关系。

（二）社区活动组织

1. 阅读推广活动

根据社区居民的阅读需求和兴趣，组织丰富多样的阅读推广活动。这包括举办读书分享会、书籍展览、阅读讲座等，旨在激发社区居民的阅读兴趣，促进阅读文化的传播和推广。此外，还可以开展阅读活动主题月、阅读征文比赛等活动，营造浓厚的阅读氛围，引导社区居民积极参与阅读活动。

2. 义务服务

图书馆可以组织义务服务活动，邀请社区居民参与图书馆的志愿者服务工作。志愿者可以参与图书馆的书籍整理、信息查询、活动策划等工作，为图书馆的日常运行和服务提供帮助。通过参与义务服务活动，社区居民可以更加深入地了解图书馆的工作和服务内容，增强对图书馆的归属感和参与感。

3. 社区讲座

组织社区讲座是另一种促进图书馆与社区居民交流的方式。图书馆可以邀请专家学者或社区内的行业专家，就各种热门话题、文化艺术、健康养生等方面举办讲座。这些讲座既能满足社区居民对知识的渴求，又能促进社区居民之间的交流和互动。同时，图书馆还可以根据社区居民的需求，定期举办系列讲座活动，形成长期的社区教育培训机制，为社区居民提供更广泛的学习和交流平台。

二、合作伙伴关系的建立与维护

（一）合作伙伴确定

1. 当地政府部门

与当地政府部门建立合作伙伴关系，可以获得政策支持和资源倾斜。图书馆可以与文化局、教育局等部门合作，共同举办文化活动、教育培训等项目，促进图书馆的服务覆盖和影响力扩大。

2. 学校

与学校建立合作伙伴关系，可以开展丰富多彩的教育活动和阅读推广项目。图书馆可以与学校合作举办读书活动、文学讲座、阅读比赛等，促进学生的阅读兴趣和阅读能力提升。

3. 企业机构

与企业机构合作，可以获取资金支持和赞助资源。图书馆可以与企业合作举办文化展览、艺术演出等活动，吸引更多的观众和参与者，同时也可以为企业提供文化品牌推广的平台。

4. 非营利组织

与非营利组织合作，可以共同开展公益活动和社区服务项目。图书馆可以与NGO（非政府）组织合作举办志愿者培训、社区义工活动等，共同促进社区的文化建设和社会发展。

（二）合作内容规划

1. 资源共享

确定合作伙伴关系的内容和范围，可以包括资源共享方面的合作。例如，图书馆可以与学校、企业机构合作，共享图书馆的阅读资源和学术资料，为合作伙伴提供丰富的文化资源。

2. 活动合作

另外，合作伙伴关系还可以涉及活动合作方面。图书馆可以与政府部门、非营利组织合作举办文化节、读书活动、公益讲座等，共同丰富社区文化生活，提升公众文化素养。

3. 互惠互利

在确定合作内容时，应注重互惠互利的原则。合作双方应共同制定合作目标和计划，明确责任分工和利益分享机制，确保合作项目能够实现双赢。

（三）合作机制建立

1. 签订合作协议

建立合作伙伴关系的长期合作机制，需要签订合作协议或谅解备忘录，明确双方的合作意向、合作内容、责任义务等。合作协议是合作关系稳定发展的法律保障和合作框架。

2. 成立合作工作组

为了更好地推进合作项目的实施，可以成立合作工作组，由双方代表组成，负责合作项目的具体落实和推进。合作工作组可以定期召开会议，讨论合作进展和问题解决方案，确保合作顺利进行和成果共享。

第四节　在线社交媒体的运用

（一）现代社交媒体的概念与特点

1. 概念

社交媒体（Social Media）是一种基于互联网技术的交流与分享平台，强调用户的主体性，并提供丰富的内容生产和传播机会。它已成为现代社会信息传播和交流的重要组成部分，为个人、组织和企业提供了广阔的社交空间和互动平台。社交媒体的范围非常广泛，包括但不限于微博、微信、社交客户端、网页论坛、贴吧等多种形式，每种形式都有其独特的特点和优势。

社交媒体的核心特征之一是用户的参与和互动性。与传统媒体相比，社交媒体强调用户的活跃参与和自主创造内容的能力。用户可以通过发布文字、图片、视频等形式的内容来表达自己的观点、分享生活经验、与他人交流互动。这种用户生成内容（User Generated Content）的模式使得社交媒体具有更大的包容性和多样性，同时也加强了用户之间的联系和社交网络的构建。

另一个重要特征是社交媒体的即时性和实时性。通过互联网技术的支持，社交媒体能够实现信息的即时传播和实时更新，使得用户可以第一时间获取到最新的资讯和动态。这种特点为用户提供了更快捷、更便利的信息获取途径，也促进了信息的广泛传播和交流。

社交媒体还具有开放性和互联性的特点。它打破了传统媒体的时空限制，使得用户可以随时随地通过互联网接入社交平台，进行跨地域、跨国界的交流与分享。这种开放的特性为不同地域、不同文化背景的用户提供了交流的机会，促进了全球范围内的文化交流和理念碰撞。

在社交媒体中，用户不仅可以进行个人间的交流，还可以参与到各种社群、讨论组、活动中去。社交媒体的社群功能使得用户可以找到志同道合的朋友，加入兴趣相投的群体，参与到各种话题的讨论和活动中去，从而丰富自己的社交圈子、拓宽自己的视野。

2. 特点

社交媒体在信息化时代呈现出明显的优势和特点，主要体现在公开性、互动性和参与性三个方面。

（1）公开性

基于互联网技术的社交媒体平台为用户提供了一个开放的信息交流和分享的平台，任何人都可以根据自身需求注册账号，参与信息的传播和交流。用户可以选择自己感兴趣的内容进行浏览、评论、分享，并且还可以积极参与内容的创作和编辑。在图书馆阅读推广中，社交媒体的公开性能够促进图书馆与读者之间信息的真实可靠传播，提升读者的阅读体验满意度，使得图书馆服务更加贴近用户需求。

（2）互动性

用户可以利用社交媒体平台构建良好的交流平台，进行实时的交流和沟通。这种互动性使得用户之间、用户与图书馆之间可以进行更加灵活、直接地互动，改变了传统的信息传播和服务模式。图书馆可以通过社交媒体平台与读者进行实时的交流，为读者提供个性化、及时的服务，提高了服务的效率和质量。

（3）参与性

在信息传播过程中，社交媒体可以灵活运用自身优势，制定完善的信息传播计划，促进读者之间的相互交流和沟通。通过参与社交媒体平台的互动活动，读者可以更加主动地参与到阅读推广活动中，积极分享阅读心得、交流阅读体会，提升了阅读的参与度和效果。

（二）社交媒体在图书馆阅读推广中的应用优势

社交媒体在图书馆阅读推广中的应用具有多重优势，主要体现在扩大阅读受众群体、打造全新阅读环境和转变阅读文化理念三个方面。

1. 扩大阅读受众群体

社交媒体作为一个开放、互动的平台，能够吸引更广泛的受众群体参与阅读推广活动。通过社交媒体，图书馆可以与读者建立更加紧密的联系，了解他们的阅读兴趣和需求，从而提供更贴近读者需求的阅读资源和服务。

特别是针对年轻人群体，社交媒体更具吸引力和便捷性。通过在社交媒体平台上开展有趣、多样化的阅读推广活动，可以吸引年轻人积极参与，从而扩大图书馆阅读受众群体。

2. 打造全新阅读环境

社交媒体的应用改变了传统的阅读环境，提供了更加便捷、灵活的阅读方式。通过智能手机、平板电脑等移动设备，人们可以随时随地获取阅读资源，实现碎片化阅读，打破了传统阅读场所的限制，为人们提供了更加灵活的阅读环境。

同时，社交媒体的应用也促进了人们之间的交流和互动。通过社交媒体平台，读者可以分享阅读心得、交流阅读体会，形成良好的阅读交流氛围，从而提升了整体的阅读质量和体验。

3. 转变阅读文化理念

社交媒体的应用推动了阅读文化理念的转变，促使人们对阅读方式和意义有了新的认识。传统的阅读方式逐渐被碎片化、个性化的阅读方式所取代，人们更加注重阅读的便捷性和趣味性，从而改变了他们的阅读习惯和态度。

通过社交媒体与图书馆阅读推广的结合，可以构建全新的阅读文化理念，使阅读不再局限于传统的阅读场所和方式，而是融入人们的生活中的各个方面，实现阅读与社交的融合，为阅读推广注入新的活力和动力。

（三）现阶段社交媒体在图书馆阅读推广中的应用策略

1. 积极创新现阶段的活动形式，实现多样化推广

在社交媒体的应用过程中，图书馆阅读推广具有明显的特点，可以通过创新活动形式实现多样化推广。首先，图书馆阅读推广的人群范围广泛，包含各个阶层和行业的人员，因此活动形式需要针对不同群体的需求进行定制。其次，图书馆应通过合理地应用社交媒体，促进阅读推广活动的有效性提升，并保证内容推广的针对性和优化，丰富现有的资源。

为了实现多样化推广，图书馆可以采取以下措施：

一是开展创新活动形式。图书馆可以结合自身实力与现状，拓展阅读推广的思路，注重形式化。通过多样化的方法开展活动，保证整体效果。例如，某图书馆提出线上与线下相结合的阅读推广形式，线下选择传统方式开展活动，满足少

部分人的需求，线上通过社交媒体开展推广，提高人们对图书馆阅读推广的重视度，提升积极性，使其主动参与活动，达到推广目的。

二是深入挖掘社交媒体的价值与优势，全面开展创新。利用微博、微信、客户端、QQ、论坛等社交媒体平台开展活动，制定完善的发展计划，同步开展图书馆阅读推广。通过 APP 优势做好线上推广宣传，利用多渠道共同发展，促进推广质量提升，保证推广精准、对接和广泛。这种做法可以为人们提供良好的方式，实现信息的推广传递，打造良好的阅读环境。

图书馆还应积极与书商、出版社合作，加强信息的沟通交流，共同开展阅读推广，加大推广力度，提升阅读质量，推动科研创新能力水平提升。通过这些措施，图书馆可以更好地利用社交媒体的优势，实现阅读推广的多样化，满足不同人群的需求，促进阅读文化的传承与发展。

2. 深入挖掘社交媒体的优势，加强整体的管理

在开展图书馆阅读推广过程中，社交媒体的优势应该得到深入挖掘，同时加强整体的管理以确保其有效运用。社交媒体以互联网信息技术为基础，具备网络性特征，如交互性、开放性、实时性和多元性，因此在图书馆阅读推广中具有重要作用。

首先，应加强对社交媒体的需求性分析，了解人们对图书馆阅读推广的认知与需求，制定针对性的推广计划。社交媒体具有广泛的覆盖面，通过精准的定位和策略，可以有效地传播图书馆的推广信息，引导用户参与阅读活动，提升阅读意识和兴趣。

其次，在社交媒体应用过程中，需要注重内容的选择与创新。内容应具有针对性和合理性，符合当代社会主义核心价值观和世界观，有助于加强人们的精神文明建设。同时，应精心打造正能量内容，引导社会大众形成积极向上的阅读氛围，促进社会和谐稳定发展。

最后，加强整体的管理是确保社交媒体与图书馆阅读推广相结合的关键。可以通过选拔优秀的专业人才进行管理，建立完善的管理部门，制定规范化的管理流程和标准化的操作规范，以确保社交媒体的有效应用。管理部门应密切监控社交媒体的使用情况，及时发现并解决问题，保证社交媒体的正常运行和推广效果的最大化。

3. 以时代背景为基础构建网络阅读共同体

在当今时代背景下，社交媒体的价值和功能日益凸显，尤其是在图书馆阅读推广领域，其潜力被广泛认可并被充分挖掘。基于此，我们可以构建一个网络阅读共同体，将社交媒体作为主要载体，以促进用户间的交流、共享和合作，从而推动阅读推广活动的全面发展。

首先，网络阅读共同体的建立应该注重凝聚人心，激发大众的阅读兴趣和参与热情。通过社交媒体平台，我们可以创造一个开放、包容、互助的交流环境，让不同背景、不同需求的用户聚集在一起，共同探讨阅读的乐趣和价值，从而形成共同体的凝聚力和向心力。

其次，网络阅读共同体的运作应该注重信息共享和互动交流。成员可以通过社交媒体平台分享自己的阅读体验、推荐好书、讨论热门话题等，促进信息的流通和交流。同时，可以设置专门的讨论区或话题标签，让用户根据自己的兴趣和需求找到感兴趣的内容，加强用户之间的互动和交流。

网络阅读共同体还可以实现定期的信息推送和推广活动。通过社交媒体平台，可以定期发布阅读推广活动的信息、阅读资源的分享、阅读技巧的介绍等内容，引导用户参与到阅读推广活动中来。同时，可以设置推广任务，鼓励成员积极参与推广活动，并及时收集反馈意见，不断改进和优化推广策略，提高推广效果和用户满意度。

第六章 现代图书馆读者教育与培训

第一节 信息素养教育

一、图书馆开展信息素养教育的优势和必要性

（一）图书馆开展信息素养教育的优势

1. 海量的馆藏资源

图书馆拥有海量的馆藏资源，这是开展信息素养教育的重要基础之一。随着国家对公共文化事业的重视和投入不断增大，公共图书馆的馆藏资源得到了迅速发展，尤其是省级公共图书馆在评估的推动下，购书经费得到了一定保障。此外，数字图书馆工程的推广和共享工程 VPN 专网的铺设，使得数字图书馆的资源得到了最大范围的共享，用户通过网上注册即可使用这些资源，为信息素养教育提供了丰富的内容支持。

2. 专业的参考咨询馆员

图书馆拥有专业的参考咨询馆员，他们具备丰富的信息素养和服务能力，可以为读者提供专业的咨询和指导。国家图书馆通过参考咨询协作网的建设，为副省级以上图书馆的参考咨询馆员提供了更多的学习机会，提升了整体素质。例如，陕西省图书馆积极参加协作网建设，并通过各种方式培养省内咨询馆员的业务素质，如轮训和新媒介的利用，有效提升了信息素养水平，为开展信息素养教育提供了坚实的人力资源支持。

3. 自上而下的组织结构

图书馆的自上而下的组织结构也为信息素养教育提供了有力支持。图书馆联盟的成立为图书馆各项事业的发展提供了组织基础，使得各图书馆可以共同开展统一主题的活动或培训，充分发挥了联盟的优势。在阅读推广活动中，联盟的组织力量得到了充分体现，为开展信息素养教育奠定了坚实的组织基础。

4. 公共电子阅览室建设基本到位

公共图书馆的公共电子阅览室建设基本到位，为信息素养教育提供了免费的场地和设施设备。在共享工程项目和公共图书馆评估的推动下，县级以上公共图书馆的 VPN 专网和公共电子阅览室得到了有效建设，用户可以通过这些设施免费获取互联网资源，促进了信息素养教育的普及和推广。

（二）图书馆开展信息素养教育的必要性

信息素养教育在公共图书馆中的必要性是毋庸置疑的。国际图联和联合国教科文组织在 1994 年的《公共图书馆宣言》中明确指出，公共图书馆的任务之一就是帮助提高市民的信息素养和计算机素养，支持并参与为所有年龄段用户开展的素养活动和项目。而我国的信息素养教育研究始于高校图书馆，早在 2002 年，教育部就颁布了《普通高等学校图书馆规程（修订）》，其中规定高等学校图书馆的五项主要任务之一就是开展信息素质教育，培养读者的信息意识和获取、利用文献信息的能力。

然而，在公共图书馆中，信息素养教育长期以来被忽视。随着信息时代的来临，人们获取信息的渠道越来越多，新兴自媒体的发展更加加速了信息传播的速度。然而，随之而来的是信息爆炸，各种不良、虚假和有害信息充斥着人们的生活。由于受众群体的认知不均衡，这些恶意信息得以广泛传播，成了一个新的社会问题。

在这样的背景下，公民信息素养教育变得愈发迫切。作为公民终身学习的教育基地，公共图书馆应该将开展公民信息素养教育作为当前的重要任务之一。图书馆在开展全民阅读活动的基础上，应该提升用户的信息素养，改善用户对不确定信息的认知能力。这不仅是图书馆界面临的新课题，也是图书馆事业发展的必然趋势。

此外，参考咨询馆员的角色也变得更加重要。通过为用户提供深层次的知识服务，参考咨询馆员可以提高工作效率，将有限的精力投入到更加有意义的工作中。因此，公共图书馆应该重视信息素养教育，通过各种途径和方式，为用户提供全方位的信息素养培训和指导，以适应信息时代的发展需求，促进社会的进步与发展。

二、图书馆开展信息素养教育的路径分析

（一）确立观念，达成共识

随着信息社会的到来，人们对信息的获取、评估、利用和创造的能力日益成

为个人和社会发展的重要标志。在马斯洛的需要层次理论中，物质生活得到满足之后，人们开始追求更高层次的需求，其中包括精神世界和文化生活的需求。在这一背景下，用户对于图书馆的要求也逐渐从丰富的馆藏资源转向了更为严格和高层次的需求，特别是在信息获取方面。尽管图书馆提供了丰富的纸质和数字馆藏，但由于用户对图书馆文献信息著录、排架知识等方面的了解不足，导致了信息获取的困难。

为了缩小用户与图书馆之间的数字鸿沟，图书馆界必须达成共识，将信息素养教育作为图书馆的基础服务向用户免费提供。这需要图书馆界广泛认识到信息素养教育的重要性，将其纳入图书馆服务的核心内容之一，并投入一定的人力、物力、设备和场地，以满足用户的需求，促进信息素养的提升。

（二）设置机构，订立目标

为了有效开展信息素养教育，图书馆可以考虑设立专门的机构或将信息素养教育纳入现有的教育培训部门、参考咨询和阅读推广等部门。这些部门都有各自的优势和资源，可以结合起来制定信息素养教育的短期和长期目标，并逐步推进工作。

教育培训部门通常具有开设培训班的经验，可以设计和组织信息素养教育的课程。参考咨询部门则拥有更为专业的信息素养培训专家，可以提供更为专业和个性化的培训服务。同时，阅读推广部门则有丰富的活动组织和宣传经验，可以通过举办各种活动和展览来提升用户的信息素养。

通过将这些部门的工作结合起来，图书馆可以订立清晰的目标，从熟悉图书馆基础业务入手，根据用户需求设计培训课程，使用户能充分利用图书馆资源，提升信息素养水平。

（三）细分用户，设计方案

针对公共图书馆面对的广泛用户群体，可以根据用户获取信息的能力和需求进行细分，设计不同程度的培训课程。尤其需要重视信息素养不足的弱势群体，如老年读者和少儿读者。

针对少儿读者，可以利用寒暑假集中开设课程，并将课程录制成视频，挂在图书馆网站免费播放，以便他们在课业繁重的情况下也能获取到相关信息。课程内容可以包括图书馆的馆藏资源、收藏重点、排架规范、借阅规范、检索形式等内容，授课老师应选择有亲和力、课件语言易懂、操作性强的方式进行。

通过细分用户群体，可以更加精准地设计培训方案，满足不同群体的需求，提高信息素养教育的有效性和针对性。

（四）借助阵地服务，开展信息素养教育

作为公民终身学习的场所，图书馆可以借助自身的优势，在开展全民阅读推广活动的同时渗入性地开展信息素养教育。

图书馆员可以在日常的咨询和指导中为用户提供一对一的指导，例如在帮助用户检索文献信息时，详细介绍检索界面，引导用户学习检索技巧。此外，图书馆也可以在一楼大厅或专门的教室设置培训课程，为首次进入图书馆的读者进行培训，让他们能更好地了解图书馆的资源和服务。

第二节　图书馆资源的有效利用培训

一、读者利用图书馆资源的技巧与方法

（一）检索技巧

1. 关键词检索

（1）选择关键词

在进行检索前，明确选择相关的关键词至关重要。这些关键词应当与所需资源的主题和内容紧密相关，以确保检索结果的准确性和全面性。选择关键词的步骤如下：

1）主题分析。仔细分析所需资源的主题和内容，理解其核心概念和关键词。

同义词和近义词：考虑使用相关的同义词和近义词来拓展检索范围，确保涵盖更多可能的相关文献。

2）专业术语。根据领域的专业术语，选择与之相关的关键词，以确保检索结果更加准确和精确。

3）关键词组合。根据检索需求，将多个关键词组合起来，形成更具体的检索查询，提高检索效率。

（2）使用布尔运算符

在检索时，合理运用布尔运算符（AND、OR、NOT）能够帮助组合关键词，缩小或扩大检索范围，提高检索效率。具体应用如下：

1）AND（和）运算符。将多个关键词用 AND 连接，检索结果会同时包含所有关键词的文献，缩小检索范围，提高检索精度。

2）OR（或）运算符。将多个同义词或相关词用 OR 连接，检索结果将包含任意一个关键词的文献，扩大检索范围，确保更全面地检索结果。

3）NOT（否定）运算符。将不希望出现在检索结果中的关键词用 NOT 连接，排除与之相关的文献，进一步精准定位所需文献。

（3）利用检索系统的高级功能

图书馆检索系统提供了丰富的高级功能，能够帮助用户更加精准地定位所需资源。以下是一些常用的高级功能：

1）字段限定。在检索时，可以限定检索关键词出现在特定的字段中，如标题、摘要、作者等，以提高检索结果的相关性。

2）排序方式。根据需求，可以选择按照相关性、出版日期、作者等因素对检索结果进行排序，使其更符合用户的需求。

3）日期范围。通过设定检索日期范围，可以获取特定时间段内发表的文献，帮助用户获取最新或历史文献。

2.高级检索

（1）字段限定

在进行高级检索时，通过指定特定字段进行检索，可以更精确地定位到所需资源。以下是字段限定的具体操作方法：

1）标题字段。将关键词限定在文献标题中进行检索，这样可以直接找到标题与所需主题高度相关的文献。

2）作者字段。限定作者字段可以快速找到某位作者的相关文献，适用于对特定学者的研究兴趣。

3）主题词字段。利用主题词字段进行检索可以找到与特定主题密切相关的文献，提高检索的精准度。

通过字段限定，用户可以针对性地缩小检索范围，快速找到符合需求的相关资源。

（2）过滤器和排序

在检索结果中，过滤器和排序功能能够帮助用户更加有效地组织和浏览检索结果，提高检索效率。以下是过滤器和排序功能的使用方式：

1）过滤器。根据特定标准对检索结果进行过滤，如出版日期、资源类型、作者姓名等。用户可以根据自己的需求，选择相应的过滤条件，只显示符合条件的文献，提高检索效率。

2）排序。用户可以根据需求将检索结果按照相关性、出版日期、作者姓名等因素进行排序。通过排序功能，用户可以更快速地找到最相关或最新的文献。

3. 文献传递服务

（1）订阅文献更新

订阅文献更新是一种有效获取最新研究成果的方法，通过利用图书馆提供的文献传递服务，读者可以定期获取感兴趣领域的最新文献更新，以及时了解相关资源的最新信息。以下是订阅文献更新的具体操作步骤：

1）订阅期刊和数据库。选择与自己研究领域相关的学术期刊和数据库，并通过图书馆提供的订阅服务，订阅该领域的最新文献更新。

2）设置个性化提醒。利用图书馆或数据库平台提供的个性化提醒功能，设定关键词或主题的提醒条件，及时获取新发表文献的通知。

3）定期检查更新。定期检查订阅的期刊和数据库，浏览最新发表的文献，及时了解领域内的研究进展和前沿动态。

（2）文献传递服务申请

文献传递服务申请是一种获取馆藏资源的复印件或电子版文献的便捷方式，有助于满足个人学术研究的需求。以下是文献传递服务申请的具体操作步骤：

1）填写申请表格。向图书馆提交文献传递服务申请表格，填写需求文献的相关信息，包括文献标题、作者、出版年份等。

2）支付费用（如有）。有些图书馆可能对文献传递服务收取一定的费用，需要在申请时支付相应的费用，以获取所需文献的复印件或电子版。

3）等待处理。提交申请后，等待图书馆处理，并在一定时间内收到所需文献的复印件或电子版。

4）及时反馈。如有需要，对所获取的文献进行阅读和利用，并在必要时向图书馆提供反馈意见，以帮助改进文献传递服务的质量和效率。

（二）文献阅读与摘录

1. 有效阅读技巧

（1）预览文献

在进行深入阅读之前，进行快速预览是提高阅读效率和理解能力的关键步骤。预览文献的目的是快速了解其结构、主要内容和观点，从而把握文献的整体脉络。预览文献的具体方法包括：

1）扫描标题和摘要。先阅读文献的标题和摘要，了解文献的主题、目的和主要内容，以确定是否与自己的研究领域或需求相关。

2）浏览目录和标识。快速浏览文献的目录和标识，了解文献的结构和组织，找出重点部分和关键内容。

3）查看图表和图像。注意文献中的图表和图像，它们通常能够直观地展示研究结果和数据，有助于快速理解文献内容。

通过预览文献，可以快速了解其主要内容和结构，为深入阅读打下基础。

（2）提取关键信息

在阅读过程中，重点关注文献中的核心观点、数据、论据等关键信息，有助于提高阅读效率和理解能力。提取关键信息的具体方法包括：

1）定位关键段落。注意文献中的段落结构，重点阅读包含核心观点和论证的段落，以把握文献的重点内容。

2）标注或摘录重要信息。在阅读过程中，使用标注工具或笔记本，标注或摘录文献中的关键信息，包括核心观点、重要数据和引用文献等。

3）理解作者观点。尝试理解作者的观点和立场，分析其论据和推理过程，从而评估文献的可信度和学术价值。

通过提取关键信息，可以加深对文献内容的理解和记忆，为后续的阅读和写作提供重要参考。

2. 文献摘录和笔记技巧

（1）摘录要点

在阅读文献时，及时摘录重要内容是有效整理和记录信息的关键步骤。采取摘录或概括的方式记录下文献中的重要内容，有助于保留关键信息的准确性和完整性。以下是摘录要点的具体技巧：

1）确定重点。在阅读过程中，注意识别文献中的重要内容和关键观点，确保摘录的内容能够准确反映文献的核心信息。

2）简洁概括。采用简洁清晰的语言，对文献中的重要内容进行概括和摘录，尽量保持摘录内容的精炼和简洁。

3）标注来源。在摘录的同时，记得标注文献的来源信息，包括作者、标题、出版年份等，以便后续引用和查找。

4）保持连贯性。在摘录时，保持内容的连贯性和逻辑性，避免断章取义，确保摘录内容能够完整地反映文献的主要观点和论证。

（2）建立笔记系统

建立个人的笔记系统是有效管理阅读过程中的重要笔记和摘录的关键。通过建立纸质笔记、电子笔记或使用笔记软件等方式，可以更好地整理和管理阅读过程中的重要信息。以下是建立笔记系统的技巧：

1）选择合适的工具。根据个人偏好和习惯，选择适合自己的笔记工具，如笔记本、笔记软件（如 Evernote、OneNote 等）等。

2）组织结构清晰。建立清晰的笔记结构，包括按照主题或文献分类、设立不同的标签和目录等，有助于快速查找和管理笔记内容。

3）及时整理和更新。及时整理和更新笔记内容，保持笔记系统的有效性和实用性，确保重要信息能够随时找到和利用。

4）备份和存档。定期备份和存档重要笔记和摘录，避免数据丢失或损坏，保护个人学术资料的安全性。

通过建立有效的笔记系统，可以更好地整理和管理阅读过程中的重要信息和摘录，提高信息的利用效率和学术研究的质量。

（三）参考文献管理

1. 使用参考文献管理工具

（1）选择适合的工具

选择合适的参考文献管理工具是进行学术写作和研究的关键步骤。根据个人需求和偏好，可以选择一款适合自己的工具，常见的工具包括 EndNote、Zotero 等。以下是选择适合工具的考虑因素：

1）功能需求。根据个人需求，选择具有丰富功能的参考文献管理工具，例如文献导入、引用格式编辑、文献整理等功能。

2）用户界面。考虑参考文献管理工具的用户界面是否简洁友好，操作是否方便，以提高使用效率。

3）兼容性。选择支持多种操作系统和文献数据库的工具，确保能够兼容各种文献资源的导入和管理。

4）价格。考虑工具的价格和付费方式，选择适合个人经济能力的工具。

（2）导入文献信息

利用参考文献管理工具，可以方便地导入文献信息，包括作者、标题、出版信息等，以便后续的引用和管理。以下是导入文献信息的具体操作步骤：

1）手动添加。通过手动输入或复制粘贴的方式，将文献信息逐一添加到参考文献管理工具中，确保信息的准确性和完整性。

2）导入文件。利用工具提供的导入功能，将已有的文献文件（如 PDF、文本文件等）导入到参考文献管理工具中，自动提取文献信息。

3）引用数据库。利用工具内置的引用数据库或插件，直接从学术数据库（如 PubMed、Google Scholar 等）中搜索和导入文献信息。

4）手动编辑。对导入的文献信息进行必要的手动编辑和整理，确保文献信息的准确性和完整性。

2.规范学术写作格式

（1）遵循引文格式规范

在学术论文或报告的撰写过程中，严格遵循相应的引文格式规范至关重要，这有助于确保文献引用的准确性和规范性。常见的引文格式规范包括 APA（American Psychological Association）、MLA（Modern Language Association）等。以下是遵循引文格式规范的关键要点：

1）引用格式。根据所选的引文格式规范，准确地书写文献引用格式，包括作者、标题、出版信息等。

2）文内引用。在文中正确地引用文献，并按照规范要求标注文献引用的位置和格式，确保引文的完整性和清晰性。

3）参考文献列表。在文末列出完整的参考文献列表，按照规范的格式书写，并按照字母顺序或出版年份顺序排列。

4）细节注意。注意格式细节，如斜体、标点符号、缩写等，确保引文格式规范的统一性和完整性。

（2）定期更新参考文献列表

随着研究的深入和发展，需要定期更新参考文献列表，以保持文献引用的及时性和完整性。以下是定期更新参考文献列表的关键步骤：

1）删除过时文献。定期检查参考文献列表，删除已过时或不再适用的文献引用，确保文献列表的准确性和精简性。

2）添加新文献。根据研究进展和新发表的文献，及时添加新的参考文献，确保文献列表的完整性和时效性。

3）修订格式。如有需要，根据最新的引文格式规范修订参考文献列表的格式，确保引文格式的规范性和统一性。

4）注明更新日期。在文献列表中注明更新日期，以便读者了解文献列表的最新状态和内容。

二、有效利用培训的策略与实践

（一）个性化培训方案

1.需求调研

进行对读者的需求调研，了解其学科背景、研究方向以及对图书馆资源利用的具体需求。

2. 个性化定制

根据调研结果，针对不同学科和需求，制定个性化的培训方案，包括检索技巧、文献阅读、参考文献管理等内容，确保培训内容与读者的实际需求紧密契合。

（二）案例分析与实践操作

1. 实际案例分析

（1）选择典型案例

挑选与读者学科相关的典型案例，涵盖不同类型的文献资源和检索问题，以真实案例为基础进行分析和讨论。

（2）理论联系实际

通过案例分析，帮助读者将理论知识与实际应用相结合，深入理解图书馆资源的利用方法和技巧。

2. 实践操作

（1）模拟检索演练

在培训过程中，组织实践操作环节，让读者通过模拟检索演练，熟悉图书馆检索系统的操作流程和技巧，提高检索效率。

（2）参与项目研究

鼓励读者参与实际项目研究，并利用图书馆资源进行文献检索和资料收集，从实践中不断提升图书馆资源利用能力。

（三）定期培训课程

1. 课程设计

（1）内容丰富

设计包括图书馆资源介绍、检索技巧培训、学术写作指导等多个模块的培训课程，内容涵盖广泛，满足读者不同层次和需求。

（2）形式多样

灵活运用讲座、研讨会、工作坊等多种形式，让培训课程更具吸引力和参与性。

2. 培训效果评估

（1）定期评估

定期对培训课程进行评估，收集读者的反馈意见和建议，及时调整和优化培训内容和方式。

（2）效果跟踪

跟踪读者参与培训后的学习效果和图书馆资源利用情况，评估培训效果，并根据评估结果进一步完善培训方案和内容。

第三节 学术写作与参考咨询服务

一、学术写作辅导与参考咨询的开展

（一）学术写作指导

1. 论文结构设计

论文结构设计是学术写作的基础，它决定了论文的逻辑性和条理性。针对不同类型的论文，我们可以提供以下结构设计指导：

（1）引言

在引言部分，需要明确论文的研究背景、研究意义和研究目的。同时，引言还应该包括对相关文献的回顾和对研究方法的概述。

（2）文献综述

文献综述部分应当对前人的研究成果进行系统梳理和总结，展示研究领域的研究现状和发展趋势，为本文的研究提供理论依据和研究背景。

（3）研究方法

在研究方法部分，需要详细描述研究的设计、样本选取、数据采集和数据分析方法，以确保研究的可靠性和科学性。

（4）结果分析

结果分析部分对研究结果进行客观地描述和深入地分析，解释研究结果的意义和影响，并与前人研究进行比较和讨论。

（5）结论

结论部分对研究的主要发现进行总结和归纳，强调研究的创新点和重要性，并提出未来研究的建议和展望。

2. 论文写作技巧

论文写作技巧是提高论文质量的关键，它包括以下几个方面的指导：

（1）搜集文献资料

学术论文需要有充分的文献支撑，因此需要读者学会如何有效地搜集和筛选文献资料，确保论文的信息来源可靠和权威。

（2）逻辑推理

论文需要有清晰的逻辑结构和严密的推理过程，因此需要读者学会如何合理安排论文的论据和论证，确保论文的逻辑连贯性和说服力。

（3）段落和章节划分

论文的段落和章节划分需要合理，每个段落和章节应当有清晰的主题和中心思想，避免内容重复和跳跃，提高论文的整体连贯性和可读性。

3. 语言表达

良好的语言表达是学术论文的基础，它包括语法、词汇、句式和逻辑表达等方面。针对不同层次和需求的读者，我们可以提供以下语言表达指导：

（1）语法和拼写

需要读者掌握基本的语法规则和拼写技巧，避免语法错误和拼写错误对论文质量造成影响。

（2）词汇选择

需要读者选择恰当准确的词汇，避免使用模糊和不准确的词语，提高论文的表达精准度和清晰度。

（3）句式多样性

需要读者注意句式的多样性，避免句子结构单一和重复，增加论文的语言层次和美感。

（4）逻辑表达

需要读者在语言表达中保持严密的逻辑关系，避免逻辑混乱和表达不清，确保论文的逻辑严谨性和连贯性。

（二）参考咨询服务

参考咨询服务在学术研究中具有重要的作用，能够为读者提供必要的文献资源和信息支持，促进其研究工作的顺利进行。下面将对参考文献检索、文献资料获取和参考书目建议这三个方面进行更为详细的讨论。

1. 参考文献检索

参考文献检索服务是帮助读者快速准确地检索到与其研究课题相关的参考文献的服务。针对这一服务，我们可以扩展以下方面的内容：

（1）专业数据库利用

我们将充分利用各类专业学术数据库，如 PubMed、Web of Science、Google Scholar 等，结合读者的研究课题和需求，进行系统的文献检索，确保检索结果的准确性和全面性。

（2）个性化检索策略

我们将根据读者的研究方向和需求，量身定制个性化的检索策略，精准地筛选出与研究课题相关的高质量文献资源，为读者提供有效的信息支持。

（3）检索结果分析

我们将对检索结果进行详细的分析和评估，帮助读者理清文献的相关性和重要性，为其提供有针对性的文献资源推荐和参考意见。

2.文献资料获取

文献资料获取服务是帮助读者获取所需的文献全文或摘要的服务。针对这一服务，我们可以扩展以下方面的内容：

（1）电子期刊订购

我们将与各类学术出版社和电子期刊平台合作，订购与读者研究课题相关的期刊资源，为其提供及时的文献全文获取服务。

（2）文献复制服务

我们将提供文献复制服务，通过购买文献复制版权或与其他图书馆和机构合作，获取读者所需文献的全文或摘要，确保其研究工作的连续性和顺利进行。

（3）资源共享机制

我们将积极参与文献资源的共享机制，与其他图书馆和机构建立合作关系，共享文献资源和信息服务，为读者提供更广泛和丰富的文献资源支持。

3.参考书目建议

参考书目建议是根据读者的研究课题或学术问题，为其提供相关领域的经典文献和重要著作的建议服务。针对这一服务，我们可以扩展以下方面的内容：

（1）专业领域覆盖

我们将根据读者的研究方向和需求，覆盖各个学科领域的重要著作和经典文献，为其提供全面和多样化的参考书目建议。

（2）个性化定制

我们将根据读者的研究课题和学术水平，量身定制个性化的参考书目建议，结合其研究需求和兴趣特点，为其提供更贴合实际需要的文献资源推荐。

（3）更新维护机制

我们将定期更新和维护参考书目数据库，及时更新最新的研究成果和学术进展，确保参考书目的时效性和可靠性，为读者提供最新的学术信息支持。

二、学术写作与参考咨询服务的评价与改进

（一）服务评价机制

服务评价机制对于学术写作与参考咨询服务的改进和提升具有重要意义。下面将对设计服务评价问卷、收集读者反馈意见以及满意度评价这三个方面进行更为详细的讨论。

1. 设计服务评价问卷

服务评价问卷的设计至关重要，它直接影响到评价结果的准确性和有效性。在设计评价问卷时，我们应考虑以下几个方面：

（1）问卷结构设计

确定问卷的结构和内容，包括服务内容、服务态度、服务效果等方面的评价指标。问卷应设计简洁明了，涵盖主要评价内容，避免内容过于繁杂，影响读者填写的积极性。

（2）评价指标设置

设计合理的评价指标，包括量化指标和描述性指标。量化指标可以是多选题、单选题或打分题，用于客观评价服务满意度；描述性指标可以是开放式问题，允许读者自由发表对服务的意见和建议，为定性评价提供更丰富的信息。

（3）多样化评价维度

除了服务内容和服务效果，还应考虑服务的及时性、可靠性、个性化程度等方面的评价，以全面了解读者对服务的感受和评价。

2. 收集读者反馈意见

读者反馈意见的收集是评价机制的核心环节之一，它直接决定了评价结果的真实性和可靠性。在收集读者反馈意见时，我们应注意以下几点：

（1）多渠道收集

通过多种渠道向读者提供填写评价问卷的机会，包括线上平台、图书馆内部通知、电子邮件等方式，以满足不同读者的填写需求和习惯。

（2）定期组织评价活动

定期组织读者填写评价问卷的活动，如每月或每季度一次，确保及时获取读者的反馈意见，并及时调整和改进服务内容和方式。

（3）实时反馈机制

提供实时反馈渠道，如面对面沟通、电话咨询、在线聊天等方式，确保读者在使用服务过程中遇到问题能够及时反馈，及时解决。

3.满意度评价

满意度评价是评价机制的最终目的，通过对收集到的评价数据进行分析和计算，得出服务满意度指标，为服务的改进和提升提供依据。在满意度评价方面，我们应注意以下几个方面：

（1）数据分析和汇总

对收集到的评价数据进行统计分析和汇总，计算出服务的整体满意度、服务质量满意度、服务效果满意度等指标，发现服务的优势和不足之处。

（2）问题发现和解决

根据评价结果，及时发现存在的问题和不足之处，制定相应的改进措施和行动计划，确保问题得到有效解决，提高服务质量和水平。

（2）持续改进

满意度评价是一个持续改进的过程，我们应不断收集读者的反馈意见，不断改进和完善服务内容和方式，不断提升服务的质量和水平。

（二）服务效果评估

服务效果评估是对参考咨询服务和学术写作辅导的影响和成效进行客观、系统的评价，以便及时发现问题、优化服务，并为进一步提升服务水平提供依据。以下是服务效果评估的具体步骤和方法：

1.定期评估服务效果

我们设立专门的评估团队，定期对参考咨询服务和学术写作辅导的效果进行评估。评估周期一般为半年或一年一次，以确保评估的及时性和周期性。评估团队由具有相关专业背景和经验丰富的人员组成，负责收集、分析评估数据，并提出改进建议。

2.统计服务量指标

通过统计服务量指标，包括服务请求量、服务完成量、服务覆盖范围等，评估服务的投入与产出情况。具体地，我们可以统计参考咨询服务的咨询次数、学术写作辅导的服务对象数量等。这些指标能够客观地反映出服务的受欢迎程度和影响范围，进而为服务的改进提供依据。

3.用户反馈分析

我们重视用户的反馈意见和建议，通过分析读者的反馈，了解服务的优点和不足，发现问题所在，并提出改进措施。我们采用多种途径收集用户反馈，包括填写评价问卷、面对面沟通、电话咨询、电子邮件等方式。通过对用户反馈的细致分析，我们能够及时调整服务内容和方式，提高服务的针对性和适应性。

4.学术成果评估

我们重视服务对读者学术研究和写作能力的影响,跟踪评估服务的学术成果。这包括读者发表论文的数量和质量、参与科研项目的情况、获得学术奖励的情况等。通过评估服务对读者学术成长的促进作用,我们可以检验服务的有效性和影响力,并根据评估结果进一步优化服务内容和方式。

（三）持续改进

持续改进是保持学术写作与参考咨询服务高效运行和不断提升的关键。通过根据评价结果调整服务内容和方式、定期召开改进会议、持续优化服务体系等措施,可以不断地提高服务质量和用户满意度。

1.根据评价结果调整服务内容和方式

根据读者的评价意见和建议,我们将及时调整学术写作与参考咨询服务的内容和方式,以提高服务质量和用户体验。具体来说,我们会增加服务项目,包括针对不同类型论文的写作指导、进一步提升语言表达水平的指导等;同时,我们也会调整服务流程,优化服务环节,确保服务的全面性和实效性。

2.定期召开改进会议

我们将定期召开学术写作与参考咨询服务改进会议,对评价结果进行深入分析,以确定改进方向和具体措施。在改进会议上,我们将团队成员汇聚一堂,共同讨论评价结果,针对问题和挑战进行思考和探讨,并形成改进共识。通过集体智慧的发挥,我们将推动改进措施的落实和实施,以达到持续改进的目的。

3.持续优化服务体系

我们将不断完善学术写作与参考咨询服务的体系机制,包括人员配置、资源投入、服务流程等方面的优化。具体来说,我们会通过定期的培训和学习,提升服务团队的专业水平和服务意识;同时,我们也会不断增加服务资源,包括引进新的学术资料、开发新的服务工具等;此外,我们还将优化服务流程,简化办事程序,提高服务效率,以满足读者不断变化的需求。

第四节　学科指导与学术支持

一、学科指导服务的内容与方式

学科指导服务旨在为读者提供关于学科研究领域、学术论文写作规范以及学科资源的全面指导和支持。以下是该服务的具体内容与方式：

（一）学科导引

学科引导服务旨在为读者提供关于各学科的全面介绍和指导，帮助他们了解学科的基本概念、研究领域、发展趋势以及相关学术资源的利用方式。以下是该服务的具体内容与方式：

1. 学科概述

学科概述是学科导引的首要内容，通过对学科的整体介绍，帮助读者建立对该学科的基本认识和理解。

（1）主要研究领域

我们提供学科的主要研究领域，包括该学科所涉及的具体内容和研究范围，让读者对学科的研究内容有一个全面地了解。

（2）发展历程

我们介绍学科的发展历程和演变过程，包括学科的起源、发展阶段以及重要的学术事件和成就，帮助读者了解学科的发展轨迹和历史背景。

（3）学科特点

我们分析学科的特点和特色，包括学科的学术定位、研究方法、学科交叉与融合等方面，帮助读者了解学科的独特之处和核心价值。

2. 研究领域

研究领域介绍着重于学科的具体研究方向和研究方法，帮助读者了解学科的学术内涵和研究方法论。

（1）主要研究方向

我们详细介绍学科的主要研究方向和研究课题，包括当前研究的热点问题和前沿领域，帮助读者把握学科的研究动态和发展趋势。

（2）研究方法

我们介绍学科的常用研究方法和技术手段，包括定性研究和定量研究方法、实证研究和理论研究方法等，帮助读者选择合适的研究方法进行学术探索。

（3）研究热点

我们分析学科的研究热点和前沿趋势，包括当前学术界关注的问题和未来发展的方向，帮助读者把握学科的发展脉络和创新方向。

3. 重要资源

重要资源介绍旨在指导读者如何获取和利用与学科相关的重要学术资源，以支持他们的学术研究和学习。

（1）期刊数据库

我们介绍学科领域内的重要学术期刊和学术数据库，包括如何进行文献检索和获取相关研究成果，帮助读者及时了解学科的最新进展和研究成果。

（2）专业网站

我们推荐与学科相关的专业网站和在线平台，包括学术组织、研究机构和学术社区等，帮助读者获取学科资讯和交流学术观点。

（3）图书馆资源

我们引导读者充分利用图书馆提供的学科资源和服务，包括图书馆藏书、电子资源、学术期刊和数据库等，帮助他们深入学科研究和学术探索。

（二）学术论文写作指导

学术论文写作指导服务旨在帮助读者掌握学术论文写作的基本规范、技巧和方法，提高其学术论文的质量和水平。以下是该服务的具体内容与方式：

1. 写作规范

针对不同学科的写作规范，我们提供专门的解读和指导，确保学术论文符合学科领域的专业要求和标准。

（1）论文结构

我们解读不同学科领域的论文结构要求，包括引言、文献综述、研究方法、结果分析和结论等部分的组织结构，帮助读者合理安排论文结构，确保逻辑清晰、层次分明。

（2）文献引用格式

我们介绍不同学科领域常用的文献引用格式和标准，包括 APA、MLA、Chicago 等引用风格的规范要求，帮助读者正确引用文献，避免抄袭和侵权行为。

（3）写作风格

我们指导读者如何选择适合学术论文写作的写作风格和语言表达方式，包括正式语言、客观表达、科学性和准确性等要求，帮助读者确保论文表达清晰、精准。

2. 文献综述

针对文献综述部分，我们提供详细的写作指导，帮助读者撰写高质量的文献综述，准确总结和评价前人研究成果。

（1）文献检索方法

我们介绍文献检索的方法和技巧，包括如何选择合适的检索词、利用学术数据库和搜索引擎进行文献检索等，帮助读者获取相关研究资料。

（2）文献筛选原则

我们指导读者如何筛选和评价文献，包括文献的可信度、相关性和权威性等方面的考量，帮助读者选择合适的文献进行综述和分析。

（3）文献综合与分析

我们教授读者如何对文献进行综合和分析，包括总结文献的主要观点和研究方法，发现文献之间的联系和差异，提炼出研究问题和研究目的。

3. 实证研究方法

针对实证研究的需求，我们提供专业的实证研究方法指导，帮助读者设计和实施科学的实证研究方案。

（1）问卷设计

我们指导读者如何设计问卷调查，包括问题的选择、问卷的设计和调查对象的确定，确保问卷设计科学合理、符合研究目的。

（2）数据分析技术

我们介绍常用的数据分析技术和方法，包括统计分析、质性分析和混合方法等，帮助读者对研究数据进行有效的分析和解释。

（3）实验设计

我们指导读者如何设计实验研究方案，包括实验变量的选择、实验过程的控制和实验结果的分析，确保实验设计科学可行、结果可靠。

（三）学科资源介绍

学科资源是支撑学术研究和教学的重要基础，为了帮助读者更好地利用学科资源进行研究和学习，我们提供以下内容和方式的学科资源介绍服务：

1. 学术数据库

学术数据库是获取学术信息和文献的重要途径之一，我们为读者介绍各学科领域内的重要学术数据库，包括但不限于以下内容：

（1）检索方法

我们提供各学科数据库的检索方法和技巧，包括关键词检索、高级检索、筛选和导出等功能的使用方法，帮助读者快速准确地检索到所需的文献和信息。

（2）数据库特点

我们介绍各学科数据库的特点和优势，包括覆盖范围、收录内容、更新频率和使用限制等，帮助读者选择适合自己研究需求的数据库。

（3）使用技巧

我们提供使用数据库的一些技巧和注意事项，包括如何利用检索历史、保存检索结果和设置检索警报等功能，提高检索效率和效果。

2. 专业期刊

学术期刊是学术交流和成果发布的重要平台，我们为读者介绍各学科领域内的重要学术期刊，包括但不限于以下内容：

（1）期刊评价指标

我们介绍期刊评价指标和影响因子等指标的含义和计算方法，帮助读者了解期刊的学术水平和影响力。

（2）投稿要求

我们介绍期刊的投稿要求和格式规范，包括投稿信函、稿件格式、审稿要求和作者指南等，帮助读者准备和提交稿件。

（3）审稿流程

我们介绍期刊的审稿流程和投稿周期，包括稿件初审、专家评审和修改意见反馈等环节，帮助读者了解期刊的出版程序和时间安排。

3. 会议论文集

学术会议是学术交流和合作的重要平台，我们为读者介绍各学科领域内的重要学术会议和会议论文集，包括但不限于以下内容：

（1）会议信息

我们介绍学术会议的举办时间、地点、主题和组织机构等信息，帮助读者了解会议的重要性和参与方式。

（2）论文投稿

我们介绍会议论文投稿的要求和格式规范，包括摘要提交、全文投稿和审稿流程等，帮助读者准备和提交论文。

（3）学术交流

我们介绍学术会议的学术交流和合作机会，包括学术报告、分组讨论和合作项目等，帮助读者拓展学术人脉和合作关系。

二、学术支持服务的特点与价值

（一）学术导师制度

学术导师制度作为高等教育和研究机构中的重要组成部分，在培养和引导学生的学术成长方面起着至关重要的作用。

1. 个性化指导与支持

学术导师制度为读者提供了个性化的学术指导和支持，这是其最显著的优势之一。通过与导师的一对一交流和指导，读者可以得到针对性更强的学术建议。导师可以帮助读者制定个性化的学术发展计划，根据其研究兴趣和目标，制定相应的学习和研究计划。此外，导师还可以帮助读者明确研究方向，选择适合的论文选题，规划科学的研究方法和实践步骤。这种个性化的指导和支持有助于读者更好地理解和掌握学术规则和方法，促进其学术成长和进步。

2.导师资源丰富

学术导师通常是具有丰富学术经验和专业知识的资深学者或研究人员，他们在学术领域拥有广泛的人脉和资源。这使得他们能够为学生提供更深入、更专业的学术指导和建议。导师可以介绍学生参与学术会议、发表论文、参与科研项目等，帮助学生扩展学术视野，增强学术交流能力。此外，导师还可以为学生提供实践机会和实验平台，促进其学术研究和实践能力的提升。导师丰富的资源和经验为学生提供了更广阔的发展空间，有助于他们在学术领域中获得更好的成长和发展。

3.提升学术竞争力

学术导师制度的实施可以有效提升学生的学术竞争力。通过导师的指导和支持，学生可以更好地把握学术研究的方向和趋势，深入了解学科前沿和热点问题，提升自身的学术水平和竞争力。导师可以帮助学生选择合适的研究方向和论文选题，指导他们进行科学的研究设计和实践操作，提高研究成果的质量和影响力。此外，导师还可以为学生提供推荐信和学术背书，帮助他们在学术界和职业界获得更好的发展机会。因此，学术导师制度的实施可以为学生在学术领域中取得更好的成绩和发展提供有力支持。

（二）学术交流平台

1.促进学术交流与合作

学术交流平台作为学术界的重要组成部分，为学者和研究人员提供了丰富多彩的交流与合作机会。通过举办学术研讨会、学术沙龙、专题讲座等活动，学者们得以聚集在一起，分享彼此的研究成果、心得体会和学术观点。这些交流活动为学术界搭建了一个开放、包容的学术交流平台，促进了学术界内部和外部的交流与合作。在这些平台上，学者们可以交流学术见解、学科前沿动态，互相启发，共同推动学术研究的发展与进步。

2.增强学术影响力

学术交流平台不仅提供了学者和研究人员相互交流的场所，更重要的是增强了他们的学术影响力。通过参与学术交流活动，学者们可以与同行进行深入的学术讨论和交流，分享自己的研究成果、经验和见解。这有助于扩大学者的学术影响力和知名度，提升其在学术界的地位和竞争力。同时，学术交流平台也为学者们提供了展示自己研究成果的机会，促进了其学术成就的认可和推广。

3. 促进学术创新

学术交流平台不仅是学者们交流思想和观点的场所，更是促进学术创新和进步的重要推动力。在学术交流平台上，学者们可以与同行进行深入的学术讨论，碰撞思想，激发创新。通过分享研究成果、探讨学术问题，学者们可以开拓视野，拓展思路，探索新的研究方向和方法，从而推动学术研究的创新和进步。学术交流平台的举办不仅促进了学者们之间的学术交流和合作，也推动了学术界整体的发展与壮大。

（三）学术资源共享

1. 提高资源利用效率

学术资源共享是一种有效的方式，可以使得学术界的各种资源更好地被利用，从而提高了资源的利用效率和质量。通过共享学术资源，各个机构和个人可以避免重复采集和建设相同的资源，避免了资源的浪费。例如，一个学术机构拥有某一领域的丰富文献资源，通过共享，其他机构也可以充分利用这些资源，而无须重复采集。这样做不仅节约了资源采集的成本，还提高了资源利用的效率和质量，有助于推动学术界的发展和进步。

2. 促进学术合作与共建

学术资源共享不仅有助于学术界资源的互通互用，也为学术界的合作与共建提供了良好的平台和契机。通过共享学术资源，不同的机构和个人可以更加便捷地获取到所需的资源，促进了学术界之间的合作和交流。例如，一些学术机构可以共享实验设备、研究数据、图书文献等资源，从而共同开展科研项目、组织学术活动，推动学术界的发展与合作。此外，学术资源共享还可以促进跨学科、跨地域的学术合作，推动学术研究的深入和广泛发展。

3. 共建学术研究平台

通过学术资源共享，图书馆与学术界可以共同建设学术研究平台，为学者和研究人员提供更好的学术研究条件和环境。学术研究平台可以整合各种学术资源，包括文献资料、实验设备、科研人才等，为学术界的科研工作提供便利和支持。例如，一些大型学术机构可以建设学术资源共享平台，为学者提供统一的数据存储和管理服务，方便他们共享和利用学术资源。通过共建学术研究平台，可以有效整合学术资源，提高资源的利用效率和质量，促进学术界的发展与进步。

第七章　读者参与用户体验

第一节　读者调查与反馈机制

一、读者调查的设计与实施

（一）设计问卷

设计问卷是读者调查的重要环节之一，决定了调查的全面性和有效性。问卷应该包含图书馆服务、资源利用、设施满意度等方面的内容，以便全面了解读者对图书馆的看法和需求。在设计问卷时，需要考虑到不同读者群体的特点和需求，采用简洁明了的语言和清晰的问题表述，以便读者理解和回答。问题的设置应该具有一定的灵活性，既可以包括开放性问题，让读者自由发表意见，也可以包括封闭性问题，便于数据的统计和分析。

（二）多种调查方法

为了满足不同读者群体的参与需求，可以采用多种调查方法进行读者调查。除了传统的纸质问卷外，还可以采用在线问卷、面对面访谈、焦点小组讨论等方式。在线问卷适用于大范围、大样本量的调查，可以快速收集到大量数据；面对面访谈则能够深入了解读者的真实感受和意见；焦点小组讨论则能够促进读者之间的互动和交流，收集到更丰富和深入的信息。采用多种调查方法可以覆盖更广泛的读者群体，收集到更全面和准确的反馈信息，为图书馆提供更有针对性的改进建议。

（三）定期实施

为了及时了解读者的需求和服务满意度的变化，读者调查应该定期进行。可以设定每学期或每年进行一次调查，也可以根据需要灵活调整调查周期。定期实施读者调查可以帮助图书馆及时掌握读者的反馈信息，发现问题并及时改进，提升图书馆的服务质量和用户体验。同时，定期调查还能够让读者感受到图书馆对他们意见的重视和关注，增强读者对图书馆的信任和满意度。

二、反馈机制的建立与运用

（一）建立投诉与建议渠道

建立投诉与建议渠道是图书馆提升服务质量和满足读者需求的重要举措。通过这些渠道，图书馆可以及时了解读者的意见和建议，进而改进和优化服务，提高用户满意度。

1. 设置投诉与建议箱

在图书馆内设置投诉与建议箱是一种简单有效的方式，使得读者可以方便地提交反馈信息。这些箱子通常放置在图书馆的高流量区域，如入口处、借书处、阅览区等，以确保读者容易发现并使用。箱子应该设计简洁明了，上面标明投诉与建议的用途，并提供纸笔供读者填写意见和建议。

2. 开设在线反馈平台

建立在线反馈平台是满足数字化时代读者需求的重要方式。图书馆可以在其官方网站或专门的手机应用程序上开设反馈页面，让读者随时随地提交意见和建议。这种方式不仅方便快捷，还可以使得反馈信息直接传送到图书馆的管理部门，加快反馈处理的速度。

3. 邮件和电话渠道

提供图书馆专门的邮箱和电话号码，让读者可以通过邮件或电话与图书馆进行直接沟通。这种方式能够让读者感受到个性化的关怀和回应，有助于建立更紧密的联系。同时，图书馆也应该确保及时回复邮件和电话，以表明对读者反馈的重视和尊重。

建立投诉与建议渠道不仅可以让读者更好地参与图书馆的服务改进和提升，也有助于建立良好的读者关系和品牌形象。图书馆应当根据自身情况和读者需求，选择适合的渠道，并建立完善的反馈机制，以确保读者反馈能够得到及时、有效的回应和处理。

（二）成立反馈团队

成立专门的反馈团队是图书馆为了更好地回应和处理读者反馈而采取的重要举措。这个团队应当具备一定的特点和职责，以确保反馈信息得到及时、有效的处理和解决。

1. 收集、整理和分析反馈信息

反馈团队的首要职责是收集来自各个渠道的读者反馈信息。这包括投诉与建

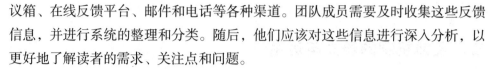

议箱、在线反馈平台、邮件和电话等各种渠道。团队成员需要及时收集这些反馈信息，并进行系统的整理和分类。随后，他们应该对这些信息进行深入分析，以更好地了解读者的需求、关注点和问题。

2. 及时回复和处理反馈

反馈团队的另一个重要职责是及时回复和处理读者的反馈信息。团队成员应该在收到反馈信息后尽快回复读者，并对问题进行认真地分析和处理。他们需要与读者进行有效的沟通，解决问题并提供满意的解决方案。如果问题需要更长时间来解决，团队应该及时通知读者，并告知解决方案的进展情况。

3. 沟通与协调

作为图书馆与读者之间的桥梁，反馈团队需要与图书馆的其他部门和工作人员进行紧密地沟通和协调。他们应该及时将读者反馈的问题和建议传达给相关部门，并协调解决方案的实施。此外，团队成员还可以向其他部门反馈读者的需求和意见，促进服务的改进和优化。

第二节　读者空间设计与服务设施改进

一、读者空间设计的原则与方法

（一）舒适与开放性

舒适与开放性是读者空间设计的重要原则之一。在设计阅览空间时，应该注重以下方面：

1. 光线和通风

舒适的阅读环境需要充足的自然光线和良好的通风条件。明亮的光线可以提升读者的注意力和警觉性，同时避免过暗的环境造成眼睛疲劳。良好的通风条件则可以保持空气清新，使读者在阅读过程中感到清爽舒适。因此，在设计阅览空间时，应该选择能够充分利用自然光线的位置，并考虑通风良好的布局和结构。

2. 布局和空间结构

开放式的布局结构有助于营造宽敞通透的阅读环境。避免使用过多的隔断或封闭空间，可以增加空间的开放性和灵活性，让读者在阅读过程中感受到自由和舒适。此外，合理的空间规划和布局也能够优化空间利用效率，提高图书馆的整体功能性和可用性。

3.家居化装饰

采用舒适温馨的家居化装饰风格可以增强阅读空间的舒适度和温馨感。选择舒适的家具和软装配饰，如柔软的沙发、舒适的座椅、舒缓的色彩等，可以为读者提供舒适的坐姿和体验。在空间中布置一些绿植、壁画、装饰画等也可以增加阅读空间的情趣和趣味性，让读者在阅读的同时感受到愉悦和放松。

（二）多功能性

为了满足不同读者群体的需求和习惯，读者空间应该具备多种功能区域，包括：

1.阅览区

阅览区是图书馆空间中最基本的功能区域之一，它提供安静、舒适的阅读环境，让读者专注于阅读和学习。在设计阅览区时，可以考虑以下几点：

（1）设计舒适的阅读桌椅，确保读者在阅读过程中能够保持良好的坐姿和舒适度。

（2）配备适量的书架和阅读资料，确保读者能够方便地获取所需的图书和资料。

（3）提供良好的光线和通风条件，营造宁静、明亮的阅读环境，减少读者的阅读疲劳。

2.学习区

学习区是供读者进行学习和研究的专用区域，它应该配备有书桌、电脑、插座等设施，为读者提供专业的学习环境和条件。在设计学习区时，可以考虑以下几点：

（1）提供宽敞、通风的学习空间，确保读者能够集中精力进行学习和研究。

（2）配备足够的电源插座和网络设施，方便读者使用电脑、笔记本电脑等学习设备。

（3）提供专业的学习工具和设施，如白板、投影仪等，帮助读者进行学术研究和项目工作。

3.休息区

休息区是供读者放松休息的场所，它应该设置舒适的沙发、茶几等家具，为读者提供舒适的休息环境。在设计休息区域，可以考虑以下几点：

（1）提供柔软舒适的沙发和座椅，让读者能够放松身心，缓解阅读疲劳。

（2）配备茶几、茶具等设施，方便读者享受茶水、咖啡等饮品，增加阅读的愉悦感。

（3）布置一些绿植、装饰画等装饰品，营造轻松愉悦的休息氛围，让读者在休息区感受到家的温馨。

（三）人性化布局

在设计读者空间的布局时，应该考虑到人体工程学原理，合理布置书架、座椅和设施，提供舒适便捷的使用体验。具体做法包括：

1.合理的座椅布局

在图书馆的阅览区域，座椅的布置应该考虑到读者的舒适感和阅读需求。具体做法包括：

（1）避免座椅之间过于拥挤，保证每个座位都有足够的空间，以确保读者的私密性和舒适度。

（2）考虑到不同读者的喜好和需求，可以设置一些个性化的座椅，如靠窗座位、靠墙座位、独立书桌等，让读者根据自己的偏好选择合适的座位。

2.易于取阅

图书馆的书架布局应该设计得合理，方便读者取阅书籍。具体做法包括：

（1）控制书架的高度和间距，确保读者可以轻松地取阅书籍，避免书架过高或过密的设计。

（2）在书架的顶部和底部留出足够的空间，以方便读者取阅书籍时的操作和姿势调整。

3.设施的人性化设计

图书馆的各项设施应该符合读者的使用习惯和需求，提供便捷的服务体验。具体做法包括：

（1）设置便捷的书籍归还点，让读者可以轻松地归还借阅的书籍，减少排队等待的时间。

（2）提供多功能的阅读灯，以满足不同读者在阅读过程中的照明需求，保护视力并提升阅读效果。

（3）设置方便的插座和充电设备，让读者可以随时充电并使用电子设备，如笔记本电脑、手机等，提高使用便利性和舒适度。

二、服务设施改进的需求分析与实践

（一）设施调查

设施调查是改进图书馆服务设施的第一步。通过对现有服务设施的调查和评估，可以全面了解设施的使用情况和读者满意度。这包括对各种设施的数量、布局、功能和状态进行详细地观察和记录。调查内容应该涵盖不同类型的服务设施，例如阅览区、借阅区、学习区、自习室、网络设施等。

（二）需求分析

在设施调查的基础上，进行需求分析是制定改进计划的关键步骤。通过分析调查结果和读者反馈，可以发现现有服务设施存在的不足和改进空间。例如，可能发现阅览区座椅不足、网络信号覆盖不全、自助借还设备使用率低等问题。针对这些问题，需要确定改进的重点和方向，确保改进措施能够真正解决读者的需求。

（三）设施更新与改造

根据需求分析的结果，进行服务设施的更新与改造是改进图书馆服务的关键环节。这包括增设新的服务设施、优化现有设施布局、提升设施的功能和性能等方面。例如，可以增设自助借还机以提高借阅效率，优化座椅布局以增加阅览舒适度，提升网络覆盖以满足读者的网络需求。这些改进措施应该根据实际情况量身定制，确保能够最大限度地提高服务效率和用户体验。

第三节　社群活动与阅读俱乐部

一、社群活动组织与管理

（一）活动策划

社群活动的策划是确保活动顺利进行的重要步骤。在策划社群活动时，需要考虑以下几个方面：

1.确定活动类型

在图书馆社群活动的策划中，首要的一步是确定活动类型。这将有助于确保活动与读者的兴趣和需求相契合，吸引不同群体的参与者。以下是几种常见的活动类型：

（1）读书分享会

读书分享会是一种让参与者分享阅读体验、交流思想和观点的活动形式。通过与他人分享自己的阅读心得，参与者可以获取新的阅读建议，拓宽阅读视野，并建立起与他人的交流与共鸣。

活动内容设计：

确定每次分享会的主题，例如特定图书、作者或主题。

安排有经验的主持人引导分享讨论，提出问题引发思考。

鼓励参与者提前阅读相关书籍，并准备分享自己的读后感和观点。

设计互动环节，如小组讨论、问答环节等，促进参与者之间的交流与互动。

（2）讲座

讲座是向参与者传授知识、观点或技能的形式化演讲活动。通过邀请专业人士或领域内的专家分享他们的专业知识和经验，图书馆可以为读者提供丰富多彩的学习机会。

活动内容设计：

确定讲座主题，涵盖图书馆关注的热点话题或读者感兴趣的领域。

确保讲座内容有针对性、实用性，能够满足参与者的学习需求。

预留时间给参与者提问和互动，促进参与者与讲者之间的交流。

（3）展览

图书馆展览是通过展示书籍、图片、文物或其他展品，向参与者传递特定信息或主题的一种方式。展览活动可以丰富图书馆的文化氛围，吸引读者参与，并促进对特定主题的理解和讨论。

活动内容设计：

确定展览主题和展品，与图书馆的馆藏或特定文化活动相关联。

设计展览布局和展示方式，以吸引参与者的注意力，并使其能够轻松理解展览内容。

提供相关解说或引导，帮助参与者理解展览内容，并促进参与者之间的讨论和交流。

2.活动内容设计

活动内容的设计是确保活动成功举办的关键。在设计活动内容时，需要充分考虑参与者的兴趣和需求，确保活动内容丰富多样、有针对性，并能够满足参与者的需求。

（1）确定活动主题

在策划社群活动时，首先需要确定活动的主题。活动主题应该与图书馆的定位和读者的兴趣密切相关，以吸引更多的参与者。

（2）设计活动形式

活动形式是指活动的组织结构和进行方式。设计活动形式时，需要考虑参与者的特点和活动的目的，以确保活动顺利进行并达到预期效果。

（3）确定活动流程

活动流程是活动进行的顺序和安排。设计活动流程时，需要考虑活动的时间限制和参与者的注意力，合理安排活动环节，确保活动顺利进行。

3. 场地和时间安排

选择适合的场地和时间安排活动是活动顺利进行的保障。在策划社群活动时，需要考虑场地的设施和服务是否齐备，时间安排是否合理，以便参与者能够方便参与。

（1）场地选择

选择合适的场地是活动成功举办的关键。图书馆作为一个文化学习的场所，通常具有适合举办社群活动的场地和设施。在选择场地时，需要考虑以下几个方面：

图书馆活动室：图书馆通常配备有多功能活动室，可根据活动规模和需求进行预订和使用。这些活动室通常配备有投影设备、音响系统和舒适的座椅，适合举办各种类型的社群活动。

阅览区域：部分图书馆的阅览区域可以通过移动家具和分区布置，临时改造成适合举办活动的空间。这种形式的活动场地能够为参与者提供舒适的阅读环境，同时满足活动的需求。

室外空间：如果天气允许，也可以考虑在图书馆周围的室外空间举办活动，如庭院、草坪等。这种形式能够为参与者提供更开放、自由的活动环境，增加活动的趣味性和互动性。

（2）时间安排

合理安排活动时间是确保活动顺利进行的重要步骤。在确定活动时间时，需要考虑参与者的日常安排和图书馆的营业时间，以便确保活动能够吸引到更多的参与者。

工作日晚间：考虑到大部分人在工作日白天没有较多的业余时间，可以选择在工作日的晚间举办活动，如周二或周四晚上。

周末下午：周末下午是大部分人的休闲时间，也是举办社群活动较为适宜的时间段。可以选择在周六或周日下午举办活动，吸引更多的参与者。

（二）活动推广

活动推广是吸引更多读者参与的关键环节。在进行活动推广时，可以采取以下几种方式：

1. 宣传海报和宣传册

宣传海报和宣传册是活动推广的重要手段之一。为了吸引更多读者参与活动，海报和宣传册的设计应当简洁明了、引人注目。海报可以使用醒目的图片和活动口号，突出活动的主题和亮点，同时将活动的时间、地点、内容等关键信息清晰地呈现出来。宣传册则可以更加详细地介绍活动的背景、目的、流程和相关注意事项，为读者提供全面地了解和参考。此外，在制作宣传海报和宣传册时，还可以考虑增加一些吸引人的互动元素，如扫描二维码获取更多信息或参与抽奖活动，以提升读者的参与度和活动的吸引力。

2. 社交媒体宣传

社交媒体已经成为成为人们获取信息、交流互动的重要平台，因此利用社交媒体进行活动宣传是非常有效的方式。通过在微信、微博、Facebook（脸书）等社交媒体平台发布活动信息，可以迅速扩大活动的传播范围，吸引更多读者的关注和参与。在发布活动信息时，可以采用生动有趣的语言和图片，结合热门话题和活动特色，增加活动的曝光度和吸引力。同时，还可以借助社交媒体的分享功能，鼓励读者转发和 @ 好友，进一步扩大活动的影响力和传播范围。

3. 图书馆网站和邮件通知

图书馆的官方网站是读者获取信息的重要渠道之一，因此在网站上发布活动通知和详情是必不可少的。通过在图书馆网站上设立专门的活动页面或栏目，及时发布活动的时间、地点、内容等信息，并提供在线报名和预约服务，方便读者了解和参与活动。同时，还可以通过邮件向读者发送活动通知和邀请函，将活动信息直接送达读者的邮箱，提高活动的曝光度和参与率。在邮件通知中，可以采用简洁明了的语言，突出活动的亮点和吸引点，引导读者点击查看详情和进行报名预约。

（三）活动管理

活动管理是确保活动顺利进行和参与者满意的重要保障。在进行活动管理时，需要注意以下几个方面：

1. 设立活动组织团队

设立专门的活动组织团队是确保活动顺利进行的关键步骤之一。活动组织团队应当由具有相关经验和专业知识的人员组成，包括活动策划师、执行者、协调者等角色。活动策划师负责制定活动的整体策划方案和执行计划，包括活动的主题、内容、目标、时间、地点等；执行者负责具体的活动执行工作，如场地布置、物资采购、嘉宾邀请等；协调者负责统筹协调各项工作，处理突发事件和问题，保证活动顺利进行。活动组织团队应当密切配合，紧密合作，确保各项工作有序进行，达到活动预期的效果和目标。

2. 活动现场管理

活动现场管理是保障活动顺利进行和参与者满意的重要环节。在活动现场，需要设立专门的接待区域和服务台，负责参与者的注册、签到和信息咨询等工作。同时，还需要合理安排活动现场的布置和布局，确保场地整洁、安全、舒适。在活动进行过程中，活动工作人员应当随时注意现场秩序和参与者的需求，及时解决问题和提供帮助，确保活动的顺利进行和参与者的满意度。此外，还可以设置互动环节和游戏活动，增加参与者的参与度和活动的趣味性，提升活动的体验价值。

3. 评估和反馈

定期评估活动的效果和参与者的反馈意见，是活动管理的重要环节之一。通过定期进行活动评估，可以及时发现问题和不足之处，及时调整、改进活动策划和管理方式，提高活动的质量和效果。评估内容可以包括活动的执行情况、参与者的满意度、活动的影响力等方面。同时，还应当充分倾听参与者的意见和建议，了解他们的需求和期望，及时作出相应的调整和改进。通过不断地评估和反馈，可以不断提升活动管理的水平和效能，为参与者提供更好的活动体验和服务。

二、阅读俱乐部的运营与效果评估

阅读俱乐部作为图书馆社群活动的重要形式之一，其运营和效果评估对于提升图书馆服务质量和读者满意度具有重要意义。

（一）运营方式

1. 会员招募和管理

会员招募和管理是阅读俱乐部运营的基础，通过宣传和推广，吸引读者加入阅读俱乐部，建立稳定的会员群体至关重要。可以通过图书馆官方网站、社交媒体平台、海报、宣传册等方式进行宣传推广，向读者介绍阅读俱乐部的宗旨、活动内容和成员福利，吸引他们的关注和加入。同时，建立完善的会员管理机制，包括会员注册、资料管理、活动通知等，以便更好地与会员沟通和互动，提升会员的参与度和满意度。

2. 活动组织与推动

阅读俱乐部的核心在于组织各种形式和主题的阅读活动，以丰富多样的活动内容吸引会员参与。可以组织读书讨论会、作品分享会、阅读挑战赛等活动，围绕不同的主题和话题展开，满足不同会员的阅读需求和兴趣。活动的策划和推动需要专门的活动组织团队，负责活动的策划、宣传、组织和执行，确保活动的顺利进行和参与者的满意度。

3. 资源共享与交流

建立会员间的资源共享和交流机制，是提升阅读俱乐部凝聚力和活跃度的重要方式。可以建立线上和线下的资源共享平台，让会员可以分享自己的阅读心得、推荐好书、交流阅读体会等。同时，可以组织定期的阅读交流活动，如读书分享会、读书沙龙等，为会员提供一个互相学习和交流的平台，促进会员之间的相互了解和交流，增强阅读俱乐部的凝聚力和活跃度。

（二）效果评估

1. 参与度统计

定期统计阅读俱乐部活动的参与人数和参与次数是评估活动效果的重要指标之一。可以通过签到表、在线报名系统、活动参与统计软件等方式记录参与活动的会员数量和次数。通过参与度的统计分析，可以了解到不同活动的受欢迎程度和影响力，为后续活动的策划和推广提供数据支持。

2. 会员满意度调查

定期开展会员满意度调查是了解会员对阅读俱乐部活动评价和建议的有效方式。可以通过在线问卷、面对面访谈等方式收集会员的反馈意见，了解他们对活动内容、组织方式、场地设施等方面的满意度和不满意度。根据调查结果，可以及时调整和改进活动策划和执行方式，提升会员的满意度和参与度。

3. 活动效果评估

评估不同形式和主题的阅读活动效果是优化活动策划和推广方式的重要手段。可以从活动的参与度、影响力、内容质量等方面进行评估。参与度主要反映了活动的受欢迎程度和吸引力，影响力则反映了活动对会员的影响和社会效果，内容质量则反映了活动的专业性和吸引力。通过综合评估不同活动的效果，可以及时调整和改进活动策划和推广方式，提高活动的质量和效果。

第四节　个性化服务与定制服务

一、图书馆个性化定制服务的应用意义

（一）满足用户多样化图书需求

在现代数字图书馆建设中，用户的信息检索需求主要通过目录查找和搜索引擎两种方式实现。然而，目前部分数字图书馆在网络建设方面仍存在搜索引擎系统尚未完全建立的情况，这导致了用户只能依赖目录查找方式进行信息检索。然而，传统的目录查找方式并不能根据用户的个性化需求进行相应的页面变化，因此用户在查找过程中往往会面临信息匹配不精准、检索效率不高的问题。如果数字图书馆能够提供个性化定制服务模式，系统将能够根据用户的实际需求进行相应的处理，从而帮助用户更有效地在海量数据资源中获取所需信息。这种个性化定制服务模式将使得用户的信息检索体验得到极大的改善，用户可以更快捷地找到所需信息，从而提高信息资源的利用效率。因此，数字图书馆应当重视个性化定制服务模式的建设，以满足用户多样化的图书需求，从而提升整体服务水平并提高用户满意度。

（二）积极应对时代给数字图书馆带来的挑战

从用户的角度来看，他们通常对数字图书馆中的某一部分图书资源感兴趣，并希望在浏览这些资源时能够按照自己的喜好和需求进行筛选和查找。然而，当前数字图书馆在信息资源的呈现方式上存在一定的复杂性，并且搜索引擎功能的完善程度也不尽如人意，这使得用户在较短时间内难以准确获取到自己所需的资源。在这种情况下，如果能够实现个性化定制服务模式，就可以根据用户的实际需求自动检索相应的资源信息。这样一来，不仅可以满足用户的个性化需求，还能够提高图书馆的服务质量，实现一举两得的效果。

因此，实现数字图书馆的个性化定制服务模式具有重要的开展意义，并且应该成为当前数字图书馆发展的重点推广与应用方向。通过个性化定制服务模式，数字图书馆可以更好地满足用户的个性化需求，提升用户体验和满意度。同时，个性化定制服务也可以帮助数字图书馆更好地了解用户的阅读偏好和需求，为图书采购和服务内容提供更精准的指导，从而提高图书馆的运营效率和服务质量。

因此，数字图书馆应当积极探索和引入个性化定制服务模式，以应对时代给数字图书馆带来的挑战，并不断提升自身的服务水平和竞争力。

二、图书馆个性化定制服务的基本内容界定

（一）个性化检索定制服务

所谓的个性化检索定制服务主要是指根据用户实际需求形成数字图书馆检索服务功能，针对用户个人所需信息进行检索，以确保个性化定制服务质量有所保障。一般来说，个性化检索定制服务主要以下述内容为主。

1. 个性化检索模板定制

检索模板定制服务的目的是确保个性化检索模板能够满足用户的需求，提供高质量的检索体验。通常情况下，词表定制和检索范围定制是其中的两个关键方面。

首先，词表定制方面主要考虑用户在数字图书馆网站中进行检索时所使用的关键词。这些关键词可以分为两类：规范词和相近词。规范词是指在特定领域或主题下被广泛使用的标准术语，而相近词则是与规范词相关但不完全相同的词语。用户在进行检索时，系统会根据其输入的关键词进行自动化的检索处理，提供相关的检索结果。此外，系统还会主动保存用户在检索过程中涉及的关键词，以便用户下次进行检索时能够得到相关提示和建议，从而提升检索效率和准确性。

其次，在检索范围定制方面，用户可以根据个人的喜好和需求自主进入数字图书馆的检索界面，进行检索模板的定制服务。这一定制过程通常涉及项目领域、检索范围等内容。用户可以选择特定的项目领域或者指定具体的检索范围，以确保检索结果更加符合其需求。一旦定制成功，系统将会根据用户设定的内容自动更新服务，以更好地满足用户的需求。

2. 个性化检索历史定制

个性化检索历史定制服务是针对用户的检索历史记录进行研究与分析，以满足用户个性化需求为目的的一种服务。在这个过程中，系统需要密切观察和记录用户的检索行为，包括其检索内容、搜索关键词、浏览网站等信息，以充分反映出用户对图书资源的实际需求和兴趣。

首先，个性化检索历史定制服务主要围绕用户的检索内容展开。系统通过观察和记录用户的检索行为，可以了解到用户感兴趣的主题、领域和关键词，从而为后续的个性化检索模型构建提供重要参考。这些检索历史记录可以帮助系统更好地理解用户的偏好和需求，为其提供更加个性化的检索结果。

其次，个性化检索历史定制服务还包括对用户检索历史问题的自动记录与保存。系统会自动化地保存用户的检索历史，包括其之前的搜索记录、浏览历史等信息，以便系统能够及时了解用户的个人信息和兴趣。这些历史记录可以作为系统构建用户兴趣模型的重要数据来源，从而为用户提供更加准确和符合其兴趣的检索结果。

个性化检索历史定制服务还涉及利用潜在客户信息来确保兴趣模板的构建成功。系统会根据用户的检索历史和行为模式，自动化地构建用户的兴趣模板，并在用户再次进行检索时为其提供符合其兴趣的图书资源。这样可以大大减少用户的检索时间，提高检索效率，同时也增强了用户对系统的满意度和忠诚度。

需要注意的是，个性化检索历史定制服务必须在征得用户同意的前提下才能合理实施。用户的隐私和个人信息必须得到保护，系统在收集和利用用户数据时必须遵守相关的法律法规和隐私政策，确保用户的权益得到有效保护。

（二）个性化界面定制

个性化界面定制服务是针对数字图书馆用户个人需求进行合理处理的一种服务。在服务社会环境的发展变化下，用户对数字图书馆界面的需求也发生了一定程度的变化。这种服务主要围绕页面内容与结构展开，着重考虑界面布局方式、颜色搭配等因素，以满足用户的个性化需求。

1.界面结构个性化定制

（1）用户需求调查与分析

在进行界面结构个性化定制服务时，首先需要进行用户需求调查与分析。通过让用户填写问卷或参与讨论，了解用户对数字图书馆界面结构的实际需求和偏好。这包括用户对界面布局、模块分类、功能按钮等方面的期望，为后续的定制工作提供重要参考。

（2）基础模板建设

针对用户的需求调查结果，图书馆系统建设方面应建立起基础的界面结构模板。这个模板应该包括各种常见的界面布局形式和模块分类，以确保用户可以根据自身需求进行个性化定制。通过提供基础模板，用户可以更轻松地构建符合自己需求的界面结构，提升用户体验。

2.界面内容个性化定制

（1）信息模块与服务模块规划

界面内容个性化定制涉及信息模块与服务模块的规划与部署。系统应统筹规划各个模块的位置和内容，确保用户可以方便地获取所需信息和服务。例如，根据用户的兴趣爱好和实际需求，设置不同主题的信息模块，如文学、科技、历史等，以便用户更快速地找到感兴趣的内容。

（2）用户自主选择与修改

系统应该为用户提供一定程度的自主选择与修改权利，使其能够根据个人喜好对界面内容进行个性化定制。用户可以根据系统提供的内容模块进行选择和修改，将自己感兴趣的内容放置在界面上，以便后续浏览和应用。这种个性化定制的方式能够提高用户对界面的满意度和使用体验。

三、图书馆个性化定制服务的优化措施

根据当前情况来看，数字图书馆个性化定制服务尚未得到全面化建设，因此，在部分建设层面上仍旧存在较多不足。为进一步确保数字图书馆个性化定制服务得以顺利贯彻与落实，建议图书馆工作人员应该紧密结合时代发展趋势，不断创新与优化服务模式，以确保数字图书馆个性化定制服务得以构建完全。

（一）不断促进团体定制功能的开发效率

1.用户需求调查与分析

图书馆作为信息资源的主要提供者之一，其服务的核心目标是满足用户的信息需求。为了更好地了解用户的需求，图书馆工作人员应该积极与用户进行沟通和联系。这种沟通与联系可以通过多种方式进行，例如定期举办用户座谈会、开展在线调查问卷、设立意见信箱等。通过这些渠道，工作人员可以深入了解用户的信息需求、使用习惯、喜好倾向等方面的情况。

用户需求调查与分析的过程中，工作人员应该注重对用户群体的共同需求进行梳理和分析。不同用户可能具有不同的需求特点，但在某些方面也会存在共性。例如，大学生用户可能更关注学术文献资源，而社区居民用户可能更关注生活常识类书籍。通过对用户群体的共同需求进行分析，可以为团体定制服务提出合理的建议和方案。

在提出团体定制建议时，工作人员应该结合用户调查和分析的结果，制定针对性的服务方案。这些方案应该包括对团体定制功能的具体内容和功能进行规划，以及设置相应的使用权限。例如，针对学术研究团体可以提供专门的学术期刊订阅服务，而针对社区读者团体可以提供生活常识类书籍的团购优惠等服务。在设置使用权限时，应该根据用户群体的实际需求和行为特点进行合理地考虑，以保障服务的公平性和效率性。

2. 基础模板建设

建立基础的团体定制模板对于数字图书馆的发展至关重要。这样的模板应该涵盖不同领域或学科的信息资源需求，以满足用户群体的多样化需求。通过提供模板，用户可以更轻松地进行个性化定制，从而提高用户满意度，促进数字图书馆服务的全面发展。

首先，建立基础的团体定制模板需要深入了解不同用户群体的需求特点。不同领域或学科的用户可能对信息资源有着不同的偏好和需求。例如，科研人员可能更加关注学术期刊和研究论文，而企业用户可能更加关注行业报告和市场分析。因此，建立模板时应该考虑到不同用户群体的需求差异，确保模板的全面性和针对性。

其次，基础模板的建设需要充分利用现有的信息资源和技术手段。数字图书馆通常拥有丰富的数字化资源和信息检索系统，可以通过这些资源和系统构建基础模板。模板可以包括信息资源的分类和组织结构、检索功能和筛选条件等方面的内容，以便用户根据自己的需求进行个性化定制。

第三，建立基础的团体定制模板还需要考虑到用户体验和易用性。模板的设计应该简洁明了，界面友好，操作便捷，以便用户能够轻松地使用和定制。此外，模板的更新和维护也是至关重要的，需要及时跟进用户的反馈和需求，不断优化和完善模板，确保其始终能够满足用户的需求。

最后，建立基础的团体定制模板是一个持续改进的过程。随着用户需求的变化和数字图书馆技术的发展，模板也需要不断地更新和调整，以适应新的需求和新的技术。因此，建立基础的团体定制模板需要图书馆工作人员的不懈努力和持续投入，以确保数字图书馆能够始终保持在服务用户、满足需求的最前沿。

（二）积极开发与发展即时通信工具

1. 在线聊天工具

设立在线聊天工具，为刚开始使用数字图书馆的用户提供即时帮助和指导。通过在线聊天，用户可以得到专业人员的检索支持，提高使用效率。

2.Inbox 工具

Inbox 工具作为数字图书馆提供的在线交流方式之一，在提升服务体验质量和用户满意度方面发挥着重要作用。该工具通过提供电子邮件信息档案或目录，为用户和图书馆之间的交流提供了便利途径。

通过 Inbox 工具，用户可以方便地向数字图书馆发送电子邮件，进行资源查询、咨询或交流。相比于其他在线交流方式，如在线聊天或论坛留言，电子邮件更加正式和全面，能够提供更多的信息和细节。用户可以通过邮件详细描述自己的需求或问题，而图书馆工作人员则可以通过回复邮件给予针对性的解答和帮助。这种一对一的交流方式能够更好地满足用户的个性化需求，提升用户的满意度和体验感受。

除了用户向图书馆发送邮件进行咨询外，数字图书馆也可以通过电子邮件向用户发送相关信息和通知，如新书上架通知、活动邀请等。通过这种方式，数字图书馆可以及时向用户推送最新的资源和信息，提高用户对数字图书馆的关注度和参与度。同时，用户也可以通过邮件收件箱方便地管理和查阅数字图书馆发送的信息，不会错过任何重要内容。

值得注意的是，为了提升 Inbox 工具的效果和用户体验，数字图书馆需要及时回复用户的邮件，提供及时准确的解答和帮助。此外，还需要保护用户的个人信息和隐私，确保用户在使用该工具时的安全性和信任度。

3. 选择合理的即时通信工具

在数字图书馆建设中，选择合理的即时通信工具对于提高用户满意度和服务效率至关重要。针对用户需求，我们可以考虑并积极开发在线聊天和电子邮件等方式的即时通信工具。

首先，在线聊天是一种实时交流方式，用户可以在数字图书馆网站上直接与图书馆工作人员进行实时对话。这种方式适用于用户需要即时解答问题或咨询的情况。通过在线聊天，用户可以直接向图书馆工作人员提出问题，而工作人员则可以及时地回答用户的疑问，提供所需的帮助和支持。在线聊天具有即时性和高效性的特点，可以满足用户在使用数字图书馆过程中的紧急需求，提高用户体验和满意度。

其次，电子邮件是一种常用的在线交流方式，用户可以通过发送电子邮件与图书馆进行沟通和交流。电子邮件适用于用户有较为复杂或详细的问题需要解答的情况，或者需要长时间的讨论和反馈的情况。用户可以通过电子邮件向图书馆提出问题或建议，而图书馆工作人员则可以在合适的时间回复邮件，提供详尽的解答和支持。电子邮件具有记录性和持久性的特点，用户可以随时查阅邮件内容，不会错过任何重要信息。

针对用户需求选择合适的即时通信工具至关重要。在实际应用中，我们可以根据用户的偏好和习惯，提供在线聊天和电子邮件等多样化的即时通信方式，以满足用户不同的交流需求。通过积极开发和应用即时通信工具，数字图书馆可以更好地与用户进行沟通和交流，提高用户满意度和服务效率，进而促进数字图书馆的持续发展和进步。

第八章　现代图书馆资源评估与质量管理

第一节　绩效评估与指标体系建立

一、绩效评估的目标与方法

（一）目标明确

现代图书馆绩效评估的目标首先需要明确，这有助于指导评估工作的开展，确保评估的有效性和针对性。在设定目标时，需要考虑图书馆的使命、愿景以及用户需求等因素，以确保评估的方向性和一致性。

1.提升服务质量的目标

作为为用户提供信息和知识服务的机构，图书馆的服务质量至关重要。因此，目标之一是提高服务质量和水平，以满足用户多样化的需求。具体而言，可以设定以下方面的目标：

（1）提高图书馆工作人员的专业水平和服务态度

培训图书馆工作人员，提升其专业知识和技能，加强对用户的服务意识和态度培养，以提高服务质量。

（2）提升图书馆的服务效率和个性化程度

优化服务流程，提高服务效率，满足用户个性化需求，如提供个性化的参考咨询服务、定制化的文献检索服务等。

2.优化资源利用效率的目标

（1）提高图书馆藏书的利用率

为了提高图书馆藏书的利用率，可以采取一系列措施：

1)加强图书采购。根据用户需求和学科发展趋势,科学合理地进行图书采购,确保藏书的多样性和全面性。

2）馆藏建设规划。制定长期的馆藏建设规划，结合学科需求和用户反馈，有针对性地扩充和更新馆藏，提高馆藏的实用性和吸引力。

3）优化藏书布局和排架方式。合理规划图书的布局和排列方式，提高图书的可访问性和检索效率，减少读者查找图书的时间成本。

4）促进图书借阅。开展图书推广活动，鼓励读者积极借阅图书，并加强读者教育，增强读者的阅读意识和借阅积极性。

（2）提高设施设备的使用效率

为了提高设施设备的使用效率，可以采取以下措施：

1）定期维护设施设备。制定设施设备维护计划，定期对设施设备进行检修和维护，确保设备的正常运转和安全使用。

2）合理规划设施空间利用。根据图书馆的实际情况和用户需求，科学规划设施空间的利用方式，提高设施空间的利用率，增加服务容量。

3）提供便捷的设施设备使用服务。为读者提供便捷的设施设备使用服务，如预约制度、自助借还设备等，提高设备的使用效率和读者的满意度。

3.增强用户满意度的目标

用户满意度是图书馆服务质量的重要衡量指标，反映了用户对图书馆服务的认可程度和满意程度。为了提高用户满意度，图书馆应设定以下方面的目标：

（1）提高用户满意度调查结果

定期开展用户满意度调查是了解用户需求和评价的有效途径，因此，可以设定以下目标：

1）高频率的调查。定期进行用户满意度调查，例如每年或每学期进行一次，确保及时获取用户反馈。

2）提高调查覆盖率。通过多种渠道和方式，如在线调查、纸质问卷、面对面访谈等，提高调查的覆盖率，确保获取到多样化的用户意见。

3）及时改进服务。根据用户反馈意见，及时针对存在的问题进行改进和调整，解决用户的困扰和不满，提高用户满意度。

（2）增加用户参与图书馆活动的人数

图书馆活动是提升用户体验和增强用户参与度的重要途径，因此，可以设定以下目标：

1）多样化活动内容。丰富图书馆活动内容，包括讲座、展览、培训等，满足不同用户的需求和兴趣，提高活动的吸引力和参与度。

2）提高活动宣传力度。通过图书馆网站、社交媒体、宣传海报等渠道，广泛宣传图书馆活动，提高用户对活动的关注度和参与意愿。

3）加强活动组织和管理。精心策划和组织图书馆活动，提供优质的服务和体验，确保活动的顺利开展和用户的满意度。

（二）方法多样

为了全面评估图书馆的绩效情况，需要采用多种方法进行评估，以覆盖不同方面的绩效表现。这些方法应当根据图书馆的具体情况和发展阶段进行选择，并相互结合，以达到评估的全面性和准确性。

1.定性评估方法

定性评估方法是了解用户需求和评价的重要手段之一。通过问卷调查、深度访谈、焦点小组讨论等方式，收集用户对图书馆服务的评价和建议，以了解用户需求和期望。定性评估方法还可以通过观察用户行为和反馈意见，深入了解用户对图书馆服务的实际体验和感受，为改进提供依据和建议。

2.定量评估方法

定量评估方法是评估图书馆绩效的重要手段之一。通过统计数据和指标体系进行量化评估，以客观地反映图书馆的绩效水平。例如，可以利用借阅率、参考咨询量、图书流通率等指标评估图书馆的服务效果。定量评估方法可以帮助图书馆全面了解服务情况和用户行为，为决策提供科学依据。

3.案例研究方法

案例研究方法可以通过深入挖掘成功案例和典型经验，了解图书馆的优势和劣势，为改进提供参考和借鉴。通过对其他图书馆或同行业机构的成功经验进行案例研究，可以发现其管理模式、服务创新等方面的优点，为图书馆改进提供借鉴和启示。

4.对标比较方法

对标比较方法是通过与同行业或同类型机构进行比较，了解图书馆在服务水平、资源利用效率等方面的差距和优势，为改进提供参考和借鉴。通过对标比较，图书馆可以发现自身存在的问题和不足之处，从而制定改进措施，提升绩效水平。

二、指标体系的构建与评估

（一）指标选取

构建有效的指标体系需要精心选择合适的评估指标，这些指标应当能够全面反映图书馆的绩效水平，并与图书馆的使命、愿景和战略目标相一致。在指标选取时，需要考虑以下几个方面：

1.绩效评估目标

（1）提升服务质量的目标

为了确保图书馆能够提供高质量的服务，需要选取与服务质量提升相关的指标。这些指标应当能够反映服务的便利性、专业性和个性化程度，以满足用户多样化的需求。

（2）优化资源利用效率的目标

为了最大程度地发挥图书馆的资源价值，需要选取与资源利用效率相关的指标。这些指标应当能够反映图书馆藏书、设施和人员的利用情况，以及资源的利用率和效益。

（3）增强用户满意度的目标

用户满意度是图书馆服务质量的重要指标之一，因此需要选取与用户满意度提升相关的指标。这些指标应当能够反映用户对图书馆服务的认可程度和满意程度，以及用户参与图书馆活动的情况。

2.绩效评估方法

（1）定性评估方法

定性评估方法是了解用户需求和评价的重要手段，需要选取能够反映用户需求和评价的指标。例如，通过问卷调查、深度访谈和焦点小组讨论等方式，收集用户对图书馆服务的评价和建议。

（2）定量评估方法

定量评估方法是评估图书馆绩效的重要手段之一，需要选取能够量化反映绩效水平的指标。例如，通过统计数据和指标体系，评估图书馆的资源利用效率、服务质量和用户满意度等方面的情况。

（3）行业标准和最佳实践

参考行业标准和同类图书馆的最佳实践，选取符合图书馆实际情况的评估指标。这些指标可以帮助图书馆与同行进行比较和借鉴，发现改进空间。

3.图书馆特点和用户需求

考虑到不同类型的图书馆具有不同的特点，需要选取与图书馆实际情况相符的评估指标。例如，学术图书馆可能更关注学术资源的丰富度和学术影响力，而公共图书馆可能更注重服务的普惠性和社区影响力。

用户需求是指标选取的重要参考因素之一。需要选取能够满足用户需求和期望的评估指标，以提升用户体验和满意度。例如，针对不同类型的用户群体，可以选取不同的指标来反映他们的需求和反馈。

4. 行业标准和最佳实践

（1）行业标准

参考行业标准和相关指南，选取符合行业标准的评估指标。这些标准可以帮助图书馆确定适用于自身情况的评估指标，并确保评估结果的可比性和可信度。

（2）最佳实践

借鉴同类图书馆的最佳实践，选取能够反映成功经验和创新做法的评估指标。这些实践经验可以为图书馆提供改进和提升的思路，促进图书馆绩效的持续提升。

（二）指标体系建立

建立完整的指标体系是评估指标选取的重要步骤，它需要包括各个方面的指标，以全面评估图书馆的绩效水平。指标体系的建立通常包括以下几个步骤：

1. 输入指标

（1）藏书量

藏书量是评估图书馆资源投入的重要指标之一。通过统计图书馆馆藏书籍的总量以及各类别图书的数量，可以了解图书馆的文献资源储备情况。较高的藏书量通常意味着图书馆拥有更丰富的知识资源，能够更好地满足用户的阅读和学习需求。

（2）人员编制

人员编制是评估图书馆人力资源投入的重要指标，包括图书馆工作人员的数量、岗位设置以及人员结构等方面。合理的人员编制可以保障图书馆的日常运营和服务水平，提升工作效率和服务质量。

（3）资金投入

资金投入是评估图书馆财务资源投入的关键指标，包括图书馆的财政拨款、资助项目、捐赠款项等方面。充足的资金投入可以保障图书馆的设施设备维护、藏书采购以及服务项目的开展，为用户提供更优质的服务体验。

2. 过程指标

（1）借阅率

借阅率是评估图书馆服务运营情况的重要指标之一，它反映了读者对图书馆藏书的利用程度和借阅活动的频率。较高的借阅率通常表示图书馆的藏书质量和服务水平较高，能够吸引更多读者积极利用图书馆资源。

（2）服务响应时间

服务响应时间是评估图书馆服务效率的重要指标，它包括用户提出问题或需求后，图书馆工作人员提供服务的反应速度。较短的服务响应时间可以提升用户体验和满意度，增强用户对图书馆的信任和认可。

（3）人员效率

人员效率是评估图书馆工作人员工作效率的指标之一，包括工作量、工作质量以及任务完成效率等方面。提高人员效率可以提升图书馆的服务质量和运营效率，更好地满足用户需求和提升用户体验。

3. 输出指标

（1）用户满意度

用户满意度是评估图书馆服务成果的关键指标之一。通过用户满意度调查等方式，了解用户对图书馆服务的评价和反馈，进而改进和提升服务质量，增强用户对图书馆的认同感和忠诚度。

（2）读者参与度

读者参与度是评估图书馆社会影响力的重要指标之一，它反映了图书馆活动和服务项目的吸引力和影响力，以及图书馆在社区中的地位和作用。较高的读者参与度可以促进图书馆与社区的互动和交流，提升图书馆的社会声誉和影响力。

第二节　用户满意度调查与评价

一、用户满意度与用户忠诚度

随着社会的发展，对于图书馆的需求和要求也是与日俱增，但是当下图书馆的服务层面具有一定的局限性，而用户满意度与用户忠诚度又是图书馆发展的前提。因此，有必要基于用户满意度与用户忠诚度进行分析，利用两者之间的关联性来提高图书馆的综合管理、服务质量和交互内容，进而全面地推动图书馆的多元化发展和进步。

（一）"用户需求"角度下的管理优化

在当前图书馆发展的背景下，以满足用户需求为核心是至关重要的。为了确保服务的效度和持续提高，图书馆管理层需要着力推动综合服务能力的充实，以更好地满足用户的各方面需求。这一需求管理的核心在于对用户需求的细化和理解，从而发现并满足用户的实际期待。用户的满意度与忠诚度直接反映了用户体验的质量，而这又直接取决于图书馆管理层次和服务模式的质量表现。

在实践中，为了提高用户满意度与忠诚度，图书馆管理者可以采取多种措施。

首先，他们应该建立有效的用户调查机制，通过问卷调查、定期座谈会等形式，主动了解用户的需求和意见。通过这些调查，图书馆管理层能够更准确地把握用户的需求变化趋势，及时调整服务策略和方向。

其次，图书馆管理者需要不断优化服务模式和流程，以提高服务的便捷性和质量。这包括完善图书馆的数字化服务平台、优化借还书流程、提升图书馆空间的舒适性等方面。通过引入新技术和改进管理机制，图书馆能够更好地满足用户的信息获取和学习需求。

加强人才队伍建设也是提升服务水平的重要举措。图书馆管理者需要重视员工的专业素养和服务意识培养，通过持续地培训和学习，提升员工的服务水平和沟通能力。这样，图书馆工作人员能够更加敏锐地捕捉用户需求，提供更加个性化和专业化的服务。

最后，图书馆管理者需要积极倡导开放、包容的服务理念，营造良好的服务氛围。在这样的氛围中，用户能够更加愿意分享自己的需求和建议，与图书馆形成良性互动，进一步促进图书馆的发展和进步。

（二）"用户视角"下的服务创新发展

用户视角下的服务创新发展是现代图书馆发展的重要方向之一。用户满意度与用户忠诚度对于图书馆的流程优化和功能实现具有重要的推动作用。在这一视角下，图书馆需要积极构建开放式的创新环境，以确保服务能够不断地从效度和效率上进行优化。这种开放式的创新环境是图书馆面向用户提供全面信息服务的基础支撑。

在用户视角下，图书馆能够更加敏锐地发现、思考、总结和解决问题。通过与用户密切互动，图书馆能够深入了解用户的实际需求，及时发现存在的问题，并主动探索解决方案。这种开放的服务形式使得图书馆能够为用户提供更加直观、便捷的服务体验，进而直接影响到用户的满意度与忠诚度水平。用户在这样的服务环境中能够更加感受到图书馆的关注和关怀，从而增强对图书馆的信任和忠诚度。

在服务创新的层面，图书馆需要不断调整和优化服务模式，以更好地满足动态的用户需求。这包括引入新的技术手段、优化服务流程、丰富服务内容等方面。通过不断地创新和改进，图书馆能够更加灵活地应对用户需求的变化，从而全面地提高服务质量，增强用户的满意度与忠诚度。

（三）"用户交互"过程中的内容革新

随着计算机信息技术的迅速发展，现代图书馆的信息服务已经不再是单向的、线性的传统模式，而是逐渐演变为一个多方互动的复杂系统。在这个新的服务模式下，用户与图书馆之间的交互变得更加密切和多样化，这为图书馆的内容革新提供了全新的机遇和挑战。

在"用户交互"过程中，图书馆不再仅仅是向用户提供信息，而是通过对用户行为和需求的实时分析，积极获取用户的反馈和意见，从而更好地理解用户的需求。通过多角度的分析和数据挖掘，图书馆能够将用户的差异化需求进行匹配和归类，为用户提供个性化、精准的服务。这种服务模式的转变不仅能够提高用户满意度和忠诚度，也能够更好地满足用户的需求，从而实现图书馆服务质量的综合提升。

在内容创新的层面，图书馆需要不断地通过科学、合理的方式对服务内容进行革新。这包括引入新的信息资源、丰富服务形式、优化服务流程等方面。通过不断地革新内容，图书馆能够建立起面向用户需求的服务体系和机制，从而更好地满足用户的需求，提高用户满意度与忠诚度。

二、图书馆服务质量评价的关联维度

图书馆服务质量评价的关联维度对于图书馆的发展至关重要。考虑到图书馆服务的普适性和多样性，以及不断变化的社会需求，为了确保图书馆能够有效地推动社会各方面的全面发展，有必要提取与服务质量评价相关的要素，以为服务优化和流程重组提供必要的支持。

（一）用户满意度相关内容

用户满意度的关联维度涉及用户对服务的认可、服务内容、需求满足程度以及解决方案的拓展。图书馆需要围绕用户需求进行工作，将多领域交叉信息融合，提供全面满足用户需求的服务。在服务过程中，图书馆应着重考虑以下方面以提升用户满意度：

1. 服务内容和时效

确保服务内容充实且及时响应用户需求，提高服务的效率和质量。

2. 管理协作与创新

通过协作与创新，提高服务团队的工作效率和服务水平，为用户提供更加满意的服务体验。

3. 交互的顺畅与友好

优化用户与图书馆之间的交互体验，提高用户对服务的满意度。

（二）用户忠诚度相关内容

用户忠诚度主要体现用户在满足需求的同时，获得具有附加价值的服务，并因此选择持续使用图书馆的服务。为了提高用户忠诚度，图书馆应关注以下方面：

服务内容和效度：提供具有附加价值的服务，满足用户个性化和多元化的信息使用需求。

用户需求的交叉匹配：与用户需求进行交叉匹配，确保服务内容与用户期望相符，提升用户对图书馆的忠诚度。

（三）用户黏性的综合体现

用户黏性体现用户对图书馆的关注和使用程度，包括使用频次、效果和信息反馈等。图书馆可以通过分析用户数据指标和个体案例，以及历史查询，深入了解用户黏性相关的内容，并针对性地进行服务质量改进。具体包括：

1. 服务有效度和资源体量

提供高效、优质的服务，提高用户体验和满意度。

2. 管理模式优化

优化管理模式，提高服务效率和质量，增强用户对图书馆的信任和依赖。

综合来看，用户满意度、用户忠诚度和用户黏性是评价图书馆服务质量的重要指标和关联维度。通过综合考量这些要素，图书馆可以不断优化服务内容和流程，提升用户体验，实现服务质量的持续提升。

三、典型案例分析

用户满意度与用户忠诚度当中的标准变量较多，通过量化的指标数据能够充分地反映出图书馆服务质量的好与坏，在一般规模的信息体量中能够提取服务有效度当中的关键要素，此次以 JD 某图书馆服务指标系数和综合分值将服务评价指标进行分析，通过 100 名客户反馈打分统计并进行加权平均系数得出最终结果，通过用户满意度和用户忠诚度的关联指标分析出影响服务质量的内容，最后将服务质量内容的综合服务质量评价进行还原，为后续全面地优化图书馆服务提供决策支撑。

（一）用户满意度反馈信息中的服务有效度分析

用户满意度所关联的内容如表 8-1 所示，其中包含了服务稳定性、齐全性、准时性和交互性等多项指标，这多项指标反映了图书馆在服务过程中的基本情况，而在不同指标中分析能够反映到最终的用户满意度。用户满意度反馈信息中的服务有效度分析显示了图书馆在服务过程中的各项指标表现。在用户满意度相关的内容中，涵盖了服务稳定性、齐全性、准时性和交互性等多个方面。这些指标反映了图书馆服务的基本情况，以及用户对于服务质量的评价。

具体来看，服务匹配性方面的评价分数为 7.319，这显示了图书馆在服务匹配用户需求方面存在一定的改进空间。这可能意味着图书馆提供的服务并未完全满足用户的个性化需求，或者在服务内容与用户期望之间存在一定的偏差。这一结果提示图书馆需要进一步优化服务内容和提升服务的个性化程度，以更好地满足用户的需求。

另一方面，信息齐全性的评价分数为 9.453，表明图书馆所提供的信息资源较为齐全。这是一个积极的信号，表明图书馆在信息资源的收集、整理和提供方面取得了良好的成绩。用户对于图书馆信息资源的满意度较高，这有助于增强用户对图书馆的信任和依赖。

表 8-1　用户满意度评价指标

评分项目	服务稳定性	信息齐全性	服务准时性	服务匹配性	服务比较情况	服务交互性
代号	1	2	3	4	5	6
平均分数	9.251	9.453	8.875	7.319	8.713	8.551

（二）用户忠诚度反馈信息中的服务有效度分析

用户忠诚度所包含的关联维度如表 8-2 所示，其中服务频次、指向性、归属感、交互性等指标同样反馈了服务质量的内容。具体而言，服务频次的平均分数为 7.311，显示用户在图书馆使用服务的频率不高，表明用户对于图书馆的使用并不频繁，用户黏性一般。这可能暗示着图书馆在吸引用户持续使用方面存在一定的挑战，需要进一步思考如何提升用户的使用频率，增强用户对图书馆的黏性。另外，服务指向性和差异性的平均分数分别为 8.139 和 8.875，显示用户对于图书馆的功能性较为认可。这表明图书馆所提供的服务具有一定的吸引力和价值，能够满足用户的基本需求，并且具有一定的差异化优势。这是图书馆的优势之一，也反映了图书馆在服务内容和定位方面的努力得到了一定程度的认可。

然而，用户归属感的平均分数仅为 6.319，说明用户对于图书馆的归属感较低，需求弹性较大，满意度不高。这可能表明图书馆在建立与用户的情感联系和社区感情方面还存在一定的不足，需要进一步加强用户参与、沟通和互动，提升用户对于图书馆的认同感和忠诚度。

表8-2 用户忠诚度评价指标

评分项目	服务频次	服务指向性	服务差异性	用户归属感	用户参与度	服务交互性
代号	7	2	3	4	5	6
平均分数	7.311	9.319	8.875	6.319	7.713	8.551

（三）图书馆综合服务质量评价分析

表8-3 图书馆综合服务质量评价指标

评分项目	管理模式	服务满意度	技术能力	资源库体量	用户忠诚度	服务有效度
代号	1	2	3	4	5	6
平均分数	6.612	8.144	8.176	6.162	7.814	8.252

在图书馆综合服务质量评价过程中，直观指标起着至关重要的作用，能够直接反映用户的服务反馈和满意度。根据表8-3所示的数据，用户忠诚度和满意度的平均分数分别为7.814和8.144，这两项平均分数显示了图书馆整体的服务质量不高。这些指标涵盖了图书馆的服务内容、时效性、专业性等多个方面，为评价图书馆的综合服务质量提供了重要的参考。

具体来看，用户忠诚度和满意度的平均分数都未能达到较高水平，表明图书馆在服务过程中存在着一些问题和不足。通过细致分析这些直观指标，可以发现图书馆在服务内容、时效性和专业性等方面存在着诸多问题。而特别值得注意的是，资源库体量和管理模式是当前服务质量不佳的主要因素。

资源库体量的不足可能导致用户无法找到所需的信息资源，从而影响到用户的满意度和忠诚度。另外，不合理的管理模式可能导致服务效率低下、服务质量不稳定等问题，进而影响到用户的服务体验和满意度。因此，针对这些问题，图书馆需要有针对性地制定解决方案，进而提高综合服务质量。

针对资源库体量不足的问题，图书馆可以加大采购力度，丰富馆藏资源，提升用户的信息获取体验。而针对管理模式不合理的问题，图书馆可以优化管理流程，提高服务效率，确保服务的稳定性和持续性。此外，还可以加强用户培训，提高用户对于图书馆服务的认知度和使用率，进一步提升服务质量。

四、基于用户满意度与用户忠诚度的图书馆服务质量提升策略

基于用户满意度与用户忠诚度的图书馆服务质量提升策略需要从多个方面进行完善，以确保服务的效度和效率得到持续提升。如图8-1所示，这一提升策略可以在服务体系、流程、功能和内容四个角度展开，以全面提升图书馆的服务

质量。

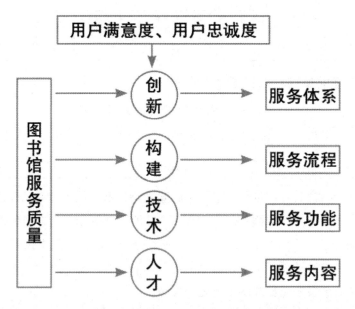

图 8-1　基于用户满意度与用户忠诚度的图书馆服务质量提升策略

（一）围绕"用户满意度和忠诚度"来创新服务体系

图书馆服务质量的提升是当前社会政治、经济和人文发展中的重要一环。然而，传统的服务模式已经无法满足现实用户的多样化需求，因此，图书馆需要在服务质量提升的过程中进行全面创新，以迎合不断变化的用户需求。在这一过程中，围绕"用户满意度和忠诚度"来创新服务体系是关键。首先，图书馆应该采用评价反馈机制来建立持续的服务改进机制。通过及时收集用户反馈信息，图书馆可以了解用户对服务的满意度和需求，从而针对性地改进服务内容和流程，提升用户体验。其次，图书馆可以采用个性化处理方式来增强服务的针对性和个性化。通过深入分析用户的偏好和行为数据，图书馆可以为用户提供定制化的服务，满足不同用户群体的特定需求。例如，可以根据用户的阅读历史和偏好为其推荐相关书籍或资源，提高服务的个性化程度。另外，在信息供给方面，图书馆可以利用信息数据自动化技术来提高服务效率和精准度。通过建立智能化的信息管理系统，图书馆可以实现对用户需求的实时响应和精准匹配，从而提升用户满意度和忠诚度。

在实施过程中，图书馆可以借鉴广州市图书馆的成功经验。该图书馆构建了跟踪式持续性服务机制，通过跟踪用户需求和反馈信息，不断优化服务体系和服务内容。图书馆设立了专门的服务机构和服务团队，配备了专业化的服务人员，开展了跟踪服务模式，并建立了在线服务平台，全面保证了服务质量提高的可持续性。这一成功经验为其他图书馆提供了有益的借鉴和参考。

（二）优化用户体验，构建便捷与高效的服务应用

为了保证用户满意度和忠诚度的持续提高，图书馆需要将用户体验作为工作的核心指标，并不断优化服务流程和应用，以提升用户体验。具体而言，图书馆应该注重服务流程的全面优化，从用户需求分析、内容整理、交互方式到供给条件等方面全面考虑，以确保服务的高匹配度和高质高效。例如，可以采用开放式的协作端口来汇集用户需求，通过关联性分析等手段实现对用户需求的时效性优化和精准把握，从而提高用户体验。另外，图书馆还应该注重服务应用的创新和时效性。例如，可以通过主动信息采集来深度挖掘用户的现实需求和潜在需求，从而不断优化服务内容和流程，提高用户体验的契合度和满意度。在这一过程中，可以借鉴英国伦敦国家图书馆的成功案例，利用开放式的协作端口和关联性分析等手段，实现对用户需求的精准把握和时效性优化，从而提升用户体验的质量和效率。

（三）遵循"技术为先"原则

随着用户需求的差异化和个性化，图书馆服务面临着巨大的挑战。传统的服务模式往往难以满足用户的个性化需求，导致服务效率和效度不足的问题。因此，图书馆需要遵循"技术为先"的原则，通过信息化建设来拓展服务维度，提高服务的针对性和时效性。具体而言，图书馆可以借助"大数据""云计算"等技术手段，实现对用户需求的深度挖掘和精准匹配，从而提高服务的时效性和个性化程度。例如，英国剑桥大学图书馆自主研发了基于大数据分析的软、硬件体系化服务平台，通过技术引入和用户需求—匹配模型设计，实现了对用户需求的精准把握和服务效率的提升，为用户提供了更为高效和个性化的服务体验。

（四）创设"专业化"人才梯队

专业化的人才梯队是图书馆服务质量提升的重要保障。图书馆需要建立多层次、多领域的专业人才队伍，为不同层次的用户提供个性化、专业化的服务。例如，在招募过程中，图书馆可以偏重招聘图书馆学、档案学、情报学等专业人才，为图书馆的信息资源管理和服务提供专业化支撑。同时，在人才结构上，图书馆应该合理配置各类专业人才，如管理型人才、知识型人才和服务型人才等，以确保服务的全面性和专业性。这些专业化人才在服务过程中能够更好地理解用户需求，并提供相应的解决方案，从而提高用户满意度和忠诚度。另外，图书馆还可

以通过建立专家服务团队和名师服务团队等方式，为用户提供更为专业化和个性化的服务。例如，北京市图书馆就建立了专家服务团队和名师服务团队，为用户提供学术、科研等更为专业化的信息服务。这些专业团队通过在线服务平台等方式，为用户提供及时、高效的服务支持，提升了用户的满意度和忠诚度。

总的来说，基于用户满意度与用户忠诚度的图书馆服务质量提升策略需要从服务体系、流程、功能和团队构建等多个角度进行完善。通过创新服务体系、优化用户体验、技术为先和建设专业化人才梯队等措施，图书馆能够全面提升服务质量，满足用户不断增长的需求，提高用户的满意度和忠诚度，从而实现图书馆的可持续发展。

第三节　质量改进与服务创新

一、质量改进的策略与实践

（一）策略制定

现代图书馆作为信息服务机构，其质量改进的首要目标是提升用户体验和满意度。在制定质量改进策略时，需要细化目标、明确方向、确定优先级，并制定可行的改进计划和措施。

1.设定具体目标和策略

现代图书馆质量改进的具体目标是提升用户体验和满意度。为实现这一目标，可以制定如下策略：

（1）提高服务效率和便利性

通过优化服务流程、提升人员培训水平、引入智能化设备等措施，提高图书馆的服务效率和便利性，减少用户等待时间，提升用户满意度。

（2）提升藏书质量和数量

加强与出版社、学术机构等的合作，扩大图书馆的藏书规模和品质，及时更新图书馆的馆藏资源，满足用户的学术和研究需求。

（3）加强信息技术支持

建设数字化图书馆平台，提供电子书籍、期刊、数据库等数字化资源，加强图书馆的信息技术支持能力，提升用户获取信息的便利性和效率。

2.明确改进方向和优先级

在制定改进策略时，需要明确改进的方向和优先级，以确保资源的有效利用和改进效果的最大化。

（1）提升服务质量

服务质量是图书馆的核心竞争力，是提升用户满意度的关键。因此，提升服务质量应是首要考虑的方向。

（2）加强数字化建设

随着信息技术的发展，数字化资源已成为图书馆服务的重要组成部分。加强数字化建设可以提升用户获取信息的便利性和效率。

（3）改善藏书管理

藏书质量和数量直接影响到用户的阅读体验和满意度。因此，改善藏书管理是提升图书馆服务质量的重要方向之一。

3. 制定可行的改进计划和措施

在制定改进计划和措施时，必须综合考虑图书馆的实际情况、资源限制和用户需求，确保计划的可操作性和有效性。提升服务效率和便利性的改进计划和措施是为了缩短用户等待时间、提高服务效率和提升用户体验。其中，引入自助借还书系统是一项有效的措施，通过自助借还书系统，用户可以自行完成借书和还书的操作，从而减少人工服务时间，提高借还书效率。同时，加强员工培训也是至关重要的，通过提升员工的服务意识和效率，可以更好地满足用户的需求，提升用户体验。此外，优化图书馆布局和设施也是重要的改进措施，合理布局和舒适的环境能够提升用户体验，使用户更愿意在图书馆停留和利用资源。

在提升藏书质量和数量方面，加强与出版社、学术机构的合作是一项重要且有效的措施。通过与出版社和学术机构的合作，图书馆可以获取更多优质的书籍资源，丰富馆藏，满足用户的阅读和研究需求。同时，定期清理旧书、更新馆藏也是必不可少的措施，及时清理过时和损坏的书籍，更新馆藏，可以保持馆藏的新鲜度和时效性，提升用户的阅读体验。此外，鼓励用户捐赠图书也是扩大馆藏数量的有效途径，通过用户的捐赠，可以为图书馆增添新的资源，丰富馆藏，满足用户的需求。

在加强信息技术支持方面，建设数字化图书馆平台是一项关键的改进措施。通过建设数字化图书馆平台，图书馆可以提供在线阅读、检索、借阅等服务，方便用户随时随地获取所需的信息资源，提升服务的便利性和效率。同时，引入智能导航系统也是重要的措施，智能导航系统可以帮助用户快速找到所需的资源，节省用户的时间和精力。另外，开展信息技术培训也是至关重要的，通过培训用户掌握数字资源的利用技能，提升其对数字资源的利用能力，从而更好地满足用户的信息需求。

（二）实践落实

实践落实是质量改进工作的关键环节，它直接关系到改进策略的实际效果和成效。在现代图书馆中，为了提升服务质量和用户满意度，必须在实践中切实落实各项质量改进措施。

1. 落实质量改进措施

在图书馆中，质量改进措施的落实需要建立健全的执行机制，确保改进能够得到有效的贯彻执行。这需要从以下几个方面展开：

（1）建立质量改进团队或委员会

建立专门的质量改进团队或委员会，由具有一定专业知识和经验的成员组成，负责制定、实施和监督质量改进计划。该团队或委员会应具备跨部门、跨岗位的协作能力，能够统筹各项改进工作。

（2）制定详细的改进计划和实施方案

在制定改进计划和实施方案时，要考虑到资源的限制和实际可行性，确保计划的可操作性和有效性。需要明确改进目标、时间节点、责任人等关键要素，确保改进工作有条不紊地推进。

（3）宣传和培训

加强对改进措施的宣传和培训，提升员工的参与度和执行力。通过内部培训、讲座、培训手册等方式，向员工介绍改进措施的重要性、意义和具体操作方法，激发其改进工作的积极性和主动性。

（3）监督和考核

建立健全的监督和考核机制，对改进工作进行定期评估和检查，及时发现问题和不足，加以改进。监督和考核可以通过内部审核、绩效考核等方式进行，确保改进工作能够持续推进和改进。

2. 加强对服务流程和管理制度的优化和完善

服务流程和管理制度是质量改进的重要基础，只有不断优化和完善服务流程和管理制度，才能够提升服务质量和效率。以下是加强对服务流程和管理制度的优化和完善的具体措施：

（1）全面评估和分析

对图书馆的服务流程和管理制度进行全面评估和分析，发现存在的问题和不足，为后续改进工作奠定基础。评估内容可以包括服务流程的流程图、各项管理制度的实施情况、员工和用户的反馈意见等。

（2）规范和标准化

加强对服务流程和管理制度的规范和标准化，建立完善的制度框架和操作流程。制定服务流程的标准操作程序（SOP）、建立服务质量标准（SLA）、明确各项管理制度的执行标准等，确保服务工作能够有序进行。

（3）不断优化和完善

持续优化和完善服务流程和管理制度，根据用户需求和反馈及时调整和改进。可以通过定期召开改进会议、收集用户意见和建议、开展满意度调查等方式，持续改进服务流程和管理制度。

3. 推动质量管理体系的不断提升和优化

质量管理体系是保证质量改进工作持续有效的重要保障，只有不断提升和优化质量管理体系，才能够确保质量改进工作的稳定性和持续性。以下是推动质量管理体系的不断提升和优化的具体措施：

（1）建立质量管理体系

建立健全的质量管理体系，包括建立质量管理手册、流程文件、标准操作程序等，明确质量管理的组织结构和职责分工。确立质量政策、质量目标和质量方针，为质量改进工作提供指导和支持。

（2）实施内外部审核与评估

实施内部审核和外部评估，定期对质量管理体系进行审核和评估，发现问题并及时进行改进。内部审核可以由内部审核员或第三方机构进行，外部评估可以由行业协会或权威机构进行。

（3）引入质量管理工具和方法

引入质量管理工具和方法，如PDCA循环（将质量管理分为四个阶段，即计划、执行、检查、处理）、6σ等，对图书馆的服务流程和管理制度进行优化和改进。通过持续改进的方式，不断提升服务质量和管理效率，满足用户的需求和期望。

（4）培养员工的质量意识

加强对员工的质量意识和培训，提升其对质量管理的重视和参与度。培训内容可以包括质量管理的基本知识、方法和技能，以及质量管理体系的运作方式和要求。通过培训，使员工能够深入了解质量管理的重要性，增强其质量意识和责任感，进而积极参与质量改进工作。

二、图书馆服务创新

（一）合理利用现代技术

随着数字信息、人工智能、互联网＋的发展，阅读方式转变，当前读者阅读习惯和方式在时间和空间结构上发生重大变化，人们利用智能手机、平板电脑等移动终端的碎片化阅读成为获取信息的主要方式和途径。所以，传统的纸质化阅读面临着重大的挑战。因此，要紧跟技术创新，实现服务创新，以技术创新来推动服务创新。但是在利用网络运用大数据的同时，也应该做到保护好读者的个人信息不被泄露，合理地利用现代化技术，不要过于依赖。贵州省文化厅开通了多彩贵州云文化平台。读者可以共享来自电视、网络等信息源的图书等知识资源，并通过网络借阅图书。这是一个借由技术创新，让读者足不出户获得图书、享受自由阅读的案例。

（二）建立服务管理理念

理念是指导行动的关键一步，公共图书馆的主要职责就是为读者服务，以"人"为中心。在社会层面，政府应该向私企、社会组织等不断推广阅读，形成全社会共同阅读的新形态，让读者不仅仅在图书馆，而是在外出休闲娱乐的各处都能进行阅读，为图书馆的转型提供更好的支持。

（三）积极创新服务方式

现阶段我们的大多数公共图书馆都只提供图书的借阅和查询服务，服务内容较为单一，我们应该根据读者的需求改变服务的模式。首先我们应该分辨读者属于什么群体，根据不同的读者特点提供不同的服务，提升公共图书馆的人文关怀。例如国家图书馆少儿馆的服务创新是通过采纳读者的意见，从他们的兴趣点出发进行服务，从他们的实践经验中也反映了一个最重要的问题，就是要针对不同群体的需要进行创新，通过读者的兴趣和意愿进行资源的适配，通过了解读者的阅读心理、阅读习惯来改进服务方式，使读者能够更加舒适地享受阅读带来的乐趣。其次，还要适应社会、科技发展的需要，采用高科技的设备进行服务，以便更加方便读者的阅读。我们可以根据读者的需求、社会的发展、互联网的应用等方面的内容进行综合考虑，完善创新出一套适合当代读者的服务方式。我们可以借鉴南京图书馆"读者中心化"服务创新模式的经验，将图书馆根据读者的不同需求进行功能区划分，使图书馆成为社会公众学习、休闲、娱乐等多种方式于一体的场所，因地制宜的创新服务内容。

（四）加强图书馆馆员综合素质的培养

图书馆馆员是与读者联系最密切的，所以公共图书馆建立一支高素质的人才队伍是非常必要的。一些图书馆拥有的专业性和高学历的人才太少，技术人员不足。而且随着现代社会的发展、科技的创新，大部分的图书馆都面临着人才缺乏的情况，各级图书馆应该利用各种时机，寻求政府的支持，优先解决人才不足的问题。通过培训、选拔等方式优化图书馆服务团队，创立一套专门的培训计划，利用各种激励机制来增强图书馆馆员的服务意识和专业技能。让馆员能在服务工作中保持热情和耐心，为读者热情服务，满足读者的不同需求。现在的图书馆馆员不仅仅要进行传统的借书，还书以及整理图书的工作，还要学会利用现代科技进行服务，所以需要对馆员进行技术培训，提高图书馆馆员的技术能力，能够熟练地进行操作，为公共图书馆的服务创新提供有力保障。当前的公共图书馆服务还面临着一系列的问题，更好地服务公众，推广全民阅读是每一个图书馆应尽的责任，在我们国家，有大大小小的图书馆都在一点点摸索、实践，都在积极地寻找文化推广服务的新途径、新方法，社会公众的文化需求在不断变化，公共图书馆也应利用这一点，不断尝试改变，才能更好地适应社会、适应读者，更好地为读者进行服务。

第四节　资源利用效率评估

一、资源利用效率的评估指标与方法

（一）阅览座位利用率

阅览座位利用率是评估图书馆资源利用效率的重要指标之一，其反映了图书馆阅读环境的使用情况和用户对服务的需求程度。高阅览座位利用率通常意味着图书馆能够有效地满足用户的阅读需求，提供舒适的阅读环境。

1. 统计法

统计法是评估阅览座位利用率最常用的方法之一。通过定期统计阅览区域内座位的使用情况和总座位数，可以计算出阅览座位利用率的百分比。具体而言，工作人员可以定期对图书馆的阅览区域进行巡查，记录每个时间段座位的使用情况，包括被占用的座位数量以及使用时间长短。然后，将被占用的座位数量除以总座位数，再乘以100%，即可得到阅览座位利用率的百分比。这一方法可以帮助图书馆了解不同时间段阅览座位的使用情况，为优化座位布局和服务提供数据支持。

2. 观察法

观察法是另一种评估阅览座位利用率的有效方法。通过观察阅览区域的座位利用情况，包括座位是否被占用、使用时间长短等，可以直观地了解阅览座位的利用率。工作人员可以在不同时间段对阅览区域进行观察，记录座位的使用情况。观察的结果可以用来评估阅览座位的利用率，并发现潜在的问题和改进空间。例如，如果某些座位经常被长时间占用，而其他座位则很少被使用，那么图书馆可能需要重新调整座位布局，以提高资源利用效率。

3. 调查法

调查法是通过问卷调查或用户反馈的方式，了解用户对阅览座位利用情况的评价和建议，从而评估阅览座位的利用率。通过向用户提供问卷或开展焦点小组讨论，图书馆可以收集用户对阅览座位利用情况的看法和意见。例如，可以询问用户对阅览座位的舒适度、便利性和使用体验的满意程度，以及提出改进建议。通过用户调查，图书馆可以更全面地了解用户需求，为优化服务提供参考。

（二）资源流通速度

资源流通速度是评估图书馆资源利用效率的重要指标之一，尤其在借阅流程方面具有重要意义。它衡量了用户借阅图书后归还的速度，直接反映了图书馆借阅服务的效率和用户满意度。

1. 借阅记录分析

借阅记录分析是评估资源流通速度的常用方法之一。通过分析用户的借阅记录，可以统计用户借阅图书后的归还时间，并计算出平均归还时间。具体而言，图书馆可以利用借阅记录数据库，提取用户借阅图书的相关信息，包括借阅时间和归还时间。然后，根据归还时间与借阅时间的差值，计算出每本图书的借阅时长，并取平均值作为资源流通速度的指标。通过借阅记录分析，图书馆可以了解用户借阅行为的规律，及时发现借阅过程中存在的问题，并采取相应的改进措施。

2. 系统数据统计

利用图书馆管理系统，可以进行资源流通速度的系统数据统计。图书馆管理系统通常记录了图书的借阅和归还情况，包括借阅时间、归还时间以及借阅地点等信息。通过对这些数据进行统计分析，可以得到不同时间段内图书的借阅次数和平均归还时间。进一步地，可以计算出资源流通速度的指标，反映图书馆借阅服务的效率和质量。通过系统数据统计，图书馆可以实时监测资源流通情况，及时发现问题并采取措施改进借阅服务。

3.用户调查

用户调查是了解用户借阅体验和意见的重要途径。通过向用户发放调查问卷或进行面对面的访谈，可以了解用户对借阅流程的满意度和改进建议。特别关注用户对归还流程的评价，包括归还地点的便利性、归还流程的顺畅程度以及归还通知的及时性等方面。通过用户调查，图书馆可以全面了解用户对借阅服务的需求和期待，为优化借阅流程提供参考依据。

（三）信息检索成功率

信息检索成功率是评估图书馆信息资源利用效率的重要指标之一，它直接反映了用户在图书馆信息检索过程中获取有效信息的能力和效率。

1.检索记录分析

检索记录分析是评估信息检索成功率的一种重要方法。通过分析用户的检索记录，图书馆可以了解用户在检索过程中获得有效信息的情况。具体而言，图书馆可以收集用户的检索历史数据，包括检索关键词、检索结果数量以及用户的点击行为等。然后，通过对这些数据进行统计和分析，可以计算出有效检索的数量和总检索次数的比例，从而得到信息检索成功率的指标。通过检索记录分析，图书馆可以发现用户的检索行为和偏好，及时调整检索系统的配置和检索结果的排名，提高用户获取有效信息的准确性和效率。

2.用户反馈调查

用户反馈调查是了解用户对检索结果满意度和改进建议的重要途径。通过向用户发放调查问卷或进行面对面的访谈，图书馆可以了解用户对检索结果的评价和意见。具体而言，可以询问用户对检索结果的相关性、完整性和清晰度等方面的看法，并征求用户对检索系统和服务流程的改进建议。根据用户的反馈意见，图书馆可以及时调整检索系统的算法和界面设计，优化检索结果的质量，提高用户的检索成功率。

3.使用统计数据

利用图书馆数据库或检索系统的统计数据也是评估信息检索成功率的重要方法之一。图书馆可以收集和分析检索系统的使用统计数据，包括用户的检索行为、检索结果的点击率、用户的满意度评价等。通过对这些数据的统计和分析，可以评估检索系统的性能和效果，及时发现存在的问题并采取改进措施。例如，可以根据用户的点击行为调整检索结果的排序方式，提高相关性和可信度，从而提高信息检索成功率。

（四）用户满意度调查

用户满意度调查是评估图书馆资源利用效率的重要方法之一，它通过收集用户对图书馆服务的评价和建议，了解用户需求和期望，为提升资源利用效率提供重要参考。

1. 问卷调查

问卷调查是一种常用的用户满意度调查方法。通过设计针对图书馆服务质量、资源利用效率等方面的问卷，向用户发放并邀请他们进行填写和评价。问卷中的问题可以涵盖图书馆的各项服务内容，如借阅流程、馆藏资源、阅览环境、服务态度等。同时，还可以设立开放式问题，让用户自由表达对图书馆的看法和建议。通过问卷调查收集的数据，可以量化用户的满意度水平，帮助图书馆了解用户的需求和期望，为改进服务提供具体方向和依据。

2. 个别访谈

个别访谈是一种深入了解用户需求和体验的方法。图书馆可以邀请用户参与个别或小组访谈，通过面对面的交流方式，了解他们对图书馆服务的实际感受和意见。在访谈过程中，可以提出针对性的问题，如探讨用户的阅读习惯、对图书馆资源利用效率的评价、对服务改进的建议等。通过个别访谈，图书馆可以更加深入地了解用户的需求和期望，发现存在的问题，并及时采取改进措施。

3. 在线调查

在线调查是一种便捷的用户满意度调查方法。图书馆可以在其官方网站或社交媒体平台上开展在线调查，邀请用户参与并表达对图书馆服务的看法和建议。在线调查可以通过简洁的问答形式，收集用户的意见和反馈。由于在线调查的参与门槛低，可以吸引更多用户参与，从而获取更广泛的反馈意见。此外，在线调查还可以实现匿名性，让用户更加自由地表达意见，提高调查的真实性和有效性。

二、资源利用效率提升的策略与实施

（一）提升图书馆服务水平

提升图书馆服务水平是提高资源利用效率的关键。通过加强人员培训、优化服务流程、提供个性化服务等方式，可以提升服务质量和用户体验，增加用户对图书馆资源的利用意愿和积极性。

1. 加强人员培训

定期进行员工培训，提升工作人员的专业水平和服务意识，使其能够更好地满足用户的需求和提供优质的服务。

2.优化服务流程

分析和优化图书馆的借阅、归还、咨询等服务流程，简化操作步骤，提高办理效率，减少用户等待时间。

3.提供个性化服务

根据用户的不同需求和偏好，提供个性化的服务，如针对特定用户群体开展定制化服务活动，提供定制化的信息推荐和咨询服务等。

（二）加强数字化建设

加强数字化建设是提升资源利用效率的重要途径之一。建设数字化图书馆平台，提供在线阅读、检索、借阅等服务，可以方便用户随时随地获取所需的信息资源，提高服务的便利性和效率。

1.建设数字化图书馆平台

开发并完善数字化图书馆平台，提供丰富的数字化资源，包括电子图书、期刊、数据库等，方便用户在线阅读和检索。

2.推广在线借阅服务

提供在线借阅服务，用户可通过数字化平台直接借阅电子书籍和期刊，无须到图书馆现场借阅，提高了借阅效率。

3.增设数字化学习空间

在图书馆内设置数字化学习空间，配备电脑、平板电脑等设备，为用户提供数字化学习环境，促进学术交流和合作。

（三）优化资源配置

优化资源配置是提升资源利用效率的重要举措之一。通过定期清理旧书、更新馆藏、加强与出版社、学术机构的合作等方式，可以优化馆藏资源的结构和质量，提高用户对图书馆资源的利用效率。

1.定期清理旧书

定期对馆藏中的旧书进行清理，剔除过时、损坏或不再适用的图书，保持馆藏的新鲜性和时效性。

2.更新馆藏

根据用户需求和学科发展趋势，定期更新馆藏，采购最新的学术著作、期刊和电子资源，保持馆藏的丰富性和多样性。

3.加强合作与采购

加强与出版社、学术机构等的合作，获取更多优质的图书和期刊资源，提高馆藏的质量和数量。

（四）引入先进技术手段

引入先进技术手段是提升资源利用效率的有效途径。通过利用智能化设备、数据分析技术等手段，优化图书馆的管理和服务流程，提高资源利用效率，满足用户不断增长的需求。

1. 智能化设备应用

引入自助借还书系统、智能导航系统等智能化设备，提高图书馆服务效率，减少人力资源消耗。

2. 数据分析技术应用

利用数据分析技术对用户借阅行为、阅读偏好等数据进行分析，为图书馆资源采购、服务优化等提供科学依据。

3. 数字化管理平台

建立数字化管理平台，集成图书馆各项服务和资源，实现信息共享和流程优化，提高管理效率和服务质量。

（五）定期评估和调整

定期评估和调整是保持资源利用效率持续提升的重要保障。图书馆应定期开展资源利用效率评估，分析评估结果，发现问题并及时调整改进措施，不断提升资源利用效率，满足用户的需求和期望。

1. 定期评估效果

建立定期的资源利用效率评估机制，包括利用各项指标和方法对服务水平、数字化建设、资源配置、技术应用等方面进行评估。

2. 分析评估结果

对评估结果进行深入分析，找出存在的问题和不足，明确改进方向和重点，为后续改进措施的制定提供依据。

3. 及时调整改进措施

根据评估结果，及时调整和优化图书馆的资源利用效率，针对性地制定新的服务策略和实施计划。

4. 持续改进和创新

不断总结和积累改进经验，推动图书馆管理和服务不断创新，以适应用户需求的变化和发展趋势，保持资源利用效率的持续提升。

参考文献

[1] 姚晓霞，高冰洁.高校图书馆数字化转型的探索与愿景 [J].中国图书馆学报，2022，48（2）：13-24.

[2] 卢凤玲.面向智慧图书馆的新一代图书馆服务平台发展研究 [J].图书馆理论与实践，2022（1）：108-114.

[3] 季梵，李峰.数字校园建设背景下高校文献信息资源精准服务模式探究 [J].图书情报工作，2022，66（6）：60-66.

[4] 刘勇.图书馆馆藏纸质文献规范化管理研究：评《图书馆文献资源建设与创新服务研究》[J].中国造纸，2020，39（3）：98.

[5] 许莉.基于用户需求视角的古籍数字资源获取路径研究 [J].图书馆，2022（9）：61-67.

[6] 周婧景.图书馆展览高质量发展问题及其成因探析 [J].图书馆论坛，2023，43（1）：78-86.

[7] 何佳.基于网络环境的图书馆文献资源建设研究 [J].造纸装备及材料，2022，51（2）：201-203.

[8] 冯向伟.博物馆文物修复档案的管理 [J].东南文化，2022（5）：183-189.

[9] 吕美霞.数据挖掘技术在图书馆管理信息系统中的应用研究 [J].中国管理信息化，2019，22（15）：148-149.

[10] 徐犇.数据挖掘技术在数字图书馆中的应用 [J].无线互联科技，2021，18（18）：92-93.

[11] 李雅.数据挖掘技术在高校图书馆中的应用 [J].中国管理信息化，2018，21（19）：138-139.

[12] 王经涛.大数据在图书馆管理与服务中的应用研究 [J].大众标准化，2020（18）：221-222.

[13] 吕美霞.数据挖掘技术在图书馆管理信息系统中的应用研究 [J].中国管理信息化，2019，22（15）：148-149.

[14] 刘海昕.基于大数据的图书馆信息模式与个性化服务体系设计研究 [J].

科技创新导报，2019，16（4）：232-233.

[15] 赵沁平，周彬，李甲，等．虚拟现实技术研究进展 [J].科技导报，2016，34（14）：71-75.

[16] 赵莉．馆藏虚拟书架的多元设计 [J].设计，2018（15）：143-145.

[17] 董屹，李佳．建模技术在虚拟图书馆建设中的应用研究 [J].电脑编程技术与维护，2018（6）：163-164.

[18] 许爱军，李锋.VRML 虚拟图书馆的构建与优化浏览 [J].计算机系统应用，2016，25（4）：252-257.

[19] 陈三，蒋珊珊，王蕾，等．数字化校园 3D 虚拟图书馆的建设 [J].电脑知识与技术，2014，10（33）：8007-8010.

[20] 郭鉴欣．数字化虚拟现实图书馆的设计与实现 [J].教育文化论坛，2018，10（4）：22-25.

[21] 苏东出．基于VR 的图书馆漫游系统的研究与实现 [J].内蒙古科技与经济，2017（16）：91-92.

[22] 司占军，张姣姣，耿浩．基于虚拟现实技术的图书馆全景漫游场景的设计与实现 [J].电脑知识与技术，2017，13（32）：214-215.

[23] 莫扬海．互联网 + 环境下的高校图书馆社交媒体营销模式构建 [J].大学图书情报学刊，2020，38（03）：42-45.

[24] 成实．移动场景技术在图书馆读者活动中的应用研究 [J].河南图书馆学刊，2019，39（09）：71-73.

[25] 刘玲．基于社交媒体的西北高校图书馆社会化服务探讨 [J].甘肃高师学报，2019，24（04）：82-84.

[26] 程训敏，张妍，陈晓霜．社交媒体视角下的安徽高职院校图书馆阅读推广研究 [J].大学图书情报学刊，2018，36（04）：58-61.

[27] 王琳．社交媒体环境下公共图书馆阅读推广创新机制研究 [J].图书馆学刊，2017，39（07）：104-108.

[28] 王莉．社会化媒体在图书馆阅读推广中的应用现状及策略研究 [J].办公室业务，2018，14（23）：135.